数字时代英语翻译教学模式及评价探究

郭晓琳 刘四平 著

中国商务出版社
·北京·

图书在版编目（CIP）数据

数字时代英语翻译教学模式及评价探究 / 郭晓琳,刘四平著. — 北京：中国商务出版社，2023.11

ISBN 978-7-5103-4747-4

Ⅰ. ①数… Ⅱ. ①郭… ②刘… Ⅲ. ①英语—翻译—教学研究 Ⅳ. ①H315.9

中国国家版本馆CIP数据核字(2023)第113763号

数字时代英语翻译教学模式及评价探究
SHUZI SHIDAI YINGYU FANYI JIAOXUE MOSHI JI PINGJIA TANJIU

郭晓琳 刘四平 著

出　　版：	中国商务出版社
地　　址：	北京市东城区安外东后巷28号　　邮　编：100710
责任部门：	发展事业部（010-64218072）
责任编辑：	孟宪鑫
直销客服：	010-64515210
总 发 行：	中国商务出版社发行部（010-64208388　64515150）
网购零售：	中国商务出版社淘宝店（010-64286917）
网　　址：	http://www.cctpress.com
网　　店：	https://shop595663922.taobao.com
邮　　箱：	295402859@qq.com
排　　版：	北京宏进时代出版策划有限公司
印　　刷：	廊坊市广阳区九洲印刷厂
开　　本：	787毫米×1092毫米　　1/16
印　　张：	12.75　　　　　　　　　　　　字　数：215千字
版　　次：	2023年11月第1版　　　　　　　印　次：2023年11月第1次印刷
书　　号：	ISBN 978-7-5103-4747-4
定　　价：	84.00元

凡所购本版图书如有印装质量问题，请与本社印制部联系（电话：010-64248236）

版权所有　　盗版必究（盗版侵权举报请与本社总编室联系：010-64212247）

前　言

近年来新一代数字技术，如人工智能、大数据、物联网、区块链、数字孪生、深度学习等，正以前所未有的速度发展，推动高等教育向数字化、智能化阶段转型。党的二十大报告中提出"推进教育数字化，建设全民终身学习的学习型社会、学习型大国"。为适应教育数字化发展趋势，政府出台了支撑和鼓励数字技术与教育双向赋能的政策。2022年全国教育工作会议提出"实施教育数字化战略行动"的目标，这是我国加强信息技术和现代教育融合发展的重要举措，也是"十四五"时期加速教育数字化转型的重要战略。随后国家相关部门推出《教育部高等教育司 2023 年工作要点》《高等学校人工智能创新行动计划》《中国教育现代化 2035》等一系列指导性文件。这些文件都强调了数字技术与教育教学深度融合的重要性，表明教育数字化是适应数字时代发展的必然选择，也是实现教育现代化的必要途径。

在英语教育领域，传统翻译教育也需要适应数字化时代的新需求和新变化，进行翻译教育的数字化、智能化转型，以培养适合新时代发展和具备数字化转型能力的翻译人才。今天，翻译数字化转型发展又逢新文科建设这个背景，如何培养人文与数智结合、大数据思维、思辨与创新能力结合的复合型翻译人才成为目前翻译教育中亟待研究的重要课题。翻译教学须在教学理念、教学模式、教学环境、教学资源、教学评价和教学管理等方面做出重大调整和变革，以推动翻译教学的"数智化"转型升级。

通过数智技术的应用，学生可以在虚拟环境中进行学习，获得更加自主和个性化的学习体验。这种变革对翻译教学提出了新的要求和挑战，我们需要重新审视翻译教学的理论框架。数字时代强调跨文化交际、人机协同和多模态翻译，因此，我们需要将这些新的理论和概念融入翻译教学中，以培养学生更全面的翻译能力。本书基于数字时代的大背景，注重理论与实践相结合，探究数字时代的英语翻译教学模式和评价创新，旨在进一步提升教师的翻译理论与教学水平，不断优化和完善新时代的英语翻译教学模式及评价。希望本书能为广大英语教师和翻译教学研究者提供有益的参考和借鉴，推动数字时代英语翻译教学的发展。

  本书第一章为英语翻译教学的概述，首先介绍翻译及翻译教学的基本概念，阐述翻译教学的目标和意义，并借助 CiteSpace 软件对英语翻译教学进行全面分析，以期能够更好地了解英语翻译教学发展的现状，并展望未来的研究方向，为后续章节的研究打下基础。第二章着重探讨数字时代的教学特性以及数字时代英语翻译教学的理论基础，如深度学习理论、具身认知理论、构建主义理论、联通主义理论、目标导向教学理论等。通过在英语翻译教学中创新地应用不同理论，可以不断优化翻译教学的模式和评价，从而更好地适应数字时代的翻译需求。数字时代推动英语翻译教学进入了一个全新的阶段。第三章从课堂评价的内涵与原则、英语翻译课堂评价的理论基础以及数字时代对英语翻译课堂评价的影响三个方面进行探讨。翻译课堂评价的理论基础包括目标理论、CIPP 评价模式和发展性教育评价模式等。基于科学的理论基础，可以确保课堂评价的有效性和准确性，可以为评价者提供分析和评判学生英语翻译能力的框架和方法。第四章重点探讨数字时代英语翻译教学方法的创新与策略优化，提出探究式英语翻译教学模式和数智化转型英语翻译教学模式，并对其教学设计与实施作出详细展示。数字时代的翻译教学环境变得更加开放和智慧化，教学方式愈加灵活和便利，学习方式则更加自主和个性化，这也迫使我们改革传统的英语翻译教学评价模式，推动评价标准更加公正合理，评价方式更加注重过程性和适切性。翻译课堂评价具有调节性、导向性和监控性。第五章重点探讨数字时代下的英语翻译课堂评价模式创新，构建基于学习性评价理论的数智化英语翻译课堂评价模式、基于云平台的英语翻译教学师生合作评价模式和基于动态评价理论的数智化英语翻译课堂评价模式，旨在为数字时代英语翻译课堂的评价提供新的思路和方法。

  本专著是 2019 年广东省普通高校特色创新类项目"数字原生代学生学习策略调查与教育 4.0 时代下的教师知识更新"（2019WTSCX119）、2023 年度广东省教育科学规划项目（高等教育专项）"教育数字化赋能应用型高校翻译课程'数智化'改革研究"（2023GXJK572）、和广东白云学院校级重点学科项目"外国语言学及应用语言学"的成果，并得到广东白云学院的资助，谨此，表示衷心感谢！同时，特别感谢广东白云学院外国语学院何高大教授、周富强教授、雷萍莉老师对本专著的指导与支持！郭晓琳老师负责全书的设计、全部章节的撰写，刘四平教授对全书进行了审读、修改和润色。

  作者在写作过程中参考了大量文献，在此向各位专家学者表示衷心的感谢！最后，限于作者水平有限，如有疏漏或谬误，敬请各位专家、教师不吝赐教！

郭晓琳、刘四平
广东白云学院
2023年5月

目 录

第一章 英语翻译教学 ………………………………………………………… 1
第一节 英语翻译教学概述 ………………………………………………… 1
第二节 英语翻译教学的目标与意义 ……………………………………… 9
第三节 英语翻译教学研究 ………………………………………………… 17

第二章 数字时代的英语翻译教学 …………………………………………… 24
第一节 数字时代的教学特性 ……………………………………………… 24
第二节 数字时代英语翻译教学理论 ……………………………………… 33
第三节 数字时代对英语翻译教学的影响 ………………………………… 42

第三章 数字时代英语翻译教学评价 ………………………………………… 49
第一节 教学评价的相关概念 ……………………………………………… 50
第二节 英语翻译课堂评价的理论基础 …………………………………… 65
第三节 数字时代对英语翻译课堂评价的影响 …………………………… 72

第四章 数字时代英语翻译教学模式创新 …………………………………… 83
第一节 数字时代英语翻译教学方法创新与策略优化 …………………… 83
第二节 探究式英语翻译教学模式 ………………………………………… 97
第三节 数智化转型英语翻译教学模式 …………………………………… 111

第五章 数字时代英语翻译课堂评价模式创新 ……………………………… 128
第一节 基于学习性评价理论的数智化英语翻译课堂评价模式 ………… 129
第二节 基于云平台的英语翻译教学师生合作评价模式 ………………… 147
第三节 基于动态评价理论的数智化英语翻译课堂评价模式 …………… 167

第六章 总结 …………………………………………………………………… 185

参考文献 ………………………………………………………………………… 187

第一章　英语翻译教学

随着国际交流的不断增加，英语翻译教学的重要性也日益凸显。英语翻译教学不仅仅是为了满足学生的学习需求，更是为了培养他们在全球化时代跨文化交流中的能力和素养。特别是在数字化时代，人工智能技术的发展和新文科建设的推进对高校英语翻译人才的培养提出了新要求，社会急需具备实践能力、人文素养和科学素养、大数据思维、思辨与创新能力的复合型英语翻译人才，而高校英语翻译人才的培养必然与其教学质量的提高息息相关。本章作为开篇的第一章，将先从英语翻译教学的界定、目标和意义、研究现状与展望三个方面进行探讨。通过深入研究和实践，以期不断提升英语翻译教学的质量，培养更多优秀的翻译人才，为促进跨文化交流和合作做出更大的贡献。

第一节　英语翻译教学概述

一、翻译的概念

翻译是指将一种语言或表达形式转化为另一种语言或表达形式的过程。在这个过程中，译者需要准确理解原文的含义和意图，并将其转化为目标语言的相应表达方式，以确保信息的准确传递。古往今来，许多有名的学者对翻译的概念做出了很多的解释，其基本上可以分为以下几类：

（一）词典中的理解

《辞海》中把"翻译"定义为"把一种语言文字的意义用另一种语言文字表达出来"。《牛津简明英语词典》(The Concise Oxford English Dictionary)中将"translation"解释为"(a) the act or an instance of translating.(b) a written or spoken expression of the meaning of a word, speech, book, etc. in another language."（"翻译"是"翻译的行为或实例"或者"词语、演讲、书籍等的含义在另一种语言中的书面或口头表达"。)《翻译研究词典》(Dictionary of Translation Studies)中提到"翻译"是"An incredibly broad notion which can be understood in many different ways.For example, one may talk of translation as a process or a product, and identify such sub-types as literary translation, technical translation, subtitling and machine translation; moreover, while more typically it just refers to the transfer of written texts, the term sometimes also includes interpreting."（"翻译"是"一种非常广泛的概念，可以以许多不同的方式理解。例如，可以将翻译视为过程或产品，并确定诸如文学翻译、技术翻译、字幕翻译和机器翻译等子类型。此外，尽管通常只指书面文本的转换，但有时'翻译'这个术语也包括口译。"）

（二）从文化角度的理解

翻译是在不同文化之间进行信息传递的过程。它不仅仅是语言的转换，还包括将文化背景、价值观和习俗等因素纳入考虑，以确保信息在不同文化之间的准确传递。赫尔穆特·冯特里斯（Hermeneut von Treuenfels）指出，"翻译是一种文化行为，通过翻译，不同的文化之间的意义得以传递、沟通和理解"。乔治·施特劳斯（George Steiner）认为，翻译是"文化的桥梁"，是一种跨越语言和文化界限的过程，通过将一种语言的意义转化为另一种语言来传递信息和思想。安德烈·勒菲弗尔（André Lefevere）认为，翻译是一种"文化再创造"，涉及对源语言文本进行重构，以适应目标语言和文化的特定需求和期望。朱利安·施密特（Juliane House）指出，翻译是一种"文化中介行为"，不仅仅是语言之间的转换，还涉及文化差异的处理和信息的再现。吕俊认为，翻译是"一种跨文化的信息交流和交换活动，其本质是传播，是传播学中的一个有特殊性质的领域"。许钧指出,翻译是"以符号转换为手段、意义再生为任务的一项跨文化的交际活动"。方梦之提到,翻译是"传递信息的语言文化活动"。

(三) 从语言学角度的理解

从语言学的角度来看,翻译是将一种语言的表达转化为另一种语言的过程。翻译旨在传达源语言(原文)的意义和信息,并在目标语言(译文)中保持相似的意义和效果。约翰·坎尼森·卡特弗德(John C.Catford)认为,翻译是"用另一种语言(目的语)中对等的文本材料来替代一种语言(源语)中的文本材料"。美国语言学家、翻译理论家罗曼·雅各布逊(Roman Jakoboson)认为,翻译是"用另一种语言解释原文的语言符号"。我国当代著名翻译家张培基认为,翻译是"运用一种语言把另一种语言所表达的思维内容准确而完整的重新表达出来的语言活动"。林煌天指出,翻译是"语言活动的重要组成部分",是"把一种语言或语言变体的内容变为另一种语言或语言变体的过程或结果",或"把一种语言材料构成的文本用另一种语言准确而完整地再现"。

(四) 从新时代角度的理解

如今,翻译领域正经历着巨大的变革。职业化翻译和机器翻译等新技术的出现改变了传统的翻译方式,翻译研究的范式发生了多次转变,翻译的定义也变得广泛和多样化。近年来,翻译界举办了多次高层论坛,围绕"翻译的重新定义"这一主题展开对话和讨论。在2015年广东外语外贸大学举办的"何为翻译?——翻译的重新定位与定义"高层论坛中,柴明颎教授强调"翻译作为语言服务行业的重要组成部分,其内涵和外延都在发生巨大的变化,正朝着语言服务这个广大的领域延伸。新需求和新技术使得传统意义上的翻译理念和做法面临着挑战,变革与创新成为必然"。同年,"职业化时代翻译的重新定义与定位"高层论坛在长春举行,蓝红军教授提到,"当前翻译呈现出多样化的新面貌,对翻译本质的认识在很大程度上影响着研究和教学的理念"。谢天振教授指出,对于翻译的定义问题,不仅仅是关于如何用文字来描述翻译这个行为和活动,而是需要重新思考翻译的定位和定义。陈旧狭隘的翻译定义会导致我们对当前翻译活动的错误理解。在重新定义和定位翻译时，我们必须考虑以及阐释翻译的本质和使命，即其目标和功能。穆雷教授指出，新时代的翻译实质是"传达包括语言在内的各种符号信息的活动"。柴明颎教授总结："重新定义和定位翻译是顺应时代的发展要求，是站在过去宝贵的经验基础上，拓展对翻译的新认识，是传承中的发展。"

2016年，第二届"何为翻译？——翻译的重新定位与定义"高层论坛顺利举行，专家学者们继续讨论翻译的定义。会上重新界定了翻译的本质，强调翻译的社会文化身份，指出翻译是一种有着深刻社会文化属性的跨文化交际行为。谢天振教授从文化外译的角度看待翻译的重新定义，他认为一些专家没有意识到新时代语境下翻译的内涵和外延所发生的实质性变化，而文化外译正是其中的一个方面。

此外，我国翻译学界的专家学者还撰文探讨和重新界定翻译的含义。2016年，王宁指出，在当前全球化时代中，语言的萎缩和图像的扩张是必然的趋势，许多人不再仅仅依赖于图书馆的藏书，而是更倾向于通过智能设备中丰富多彩的图像来获取信息和知识，"读图的时代"已经到来。翻译可以理解成："作为一种跨语言、跨文化的图像阐释；作为一种跨越语言界限的形象与语言的转换；作为一种由阅读的文字文本到演出的影视戏剧脚本的改编和再创作；作为一种以语言为主要媒介的跨媒介阐释。"由此可见，在信息爆炸的时代，拘泥于传统翻译理论对翻译的认识和定义已经远远不足。宏伟男和蓝红军提到，翻译的界定具有"技术及跨学科导向"。尤其是，随着数字技术的进步，翻译实践发生了重大的变化。张成智和王华树对这种变化进行了定义，将其称为翻译技术的转向，他们认为，翻译技术的转向是指翻译实践从过去的纯人工翻译转向了人工翻译与信息技术相结合的模式。这种转变不仅仅是技术手段的改变，更是翻译理论研究的重要变革。穆雷从翻译理论的角度重新探讨了翻译的定义，她认为，由于计算机和网络等现代技术的介入，新时代的翻译活动已经由人际间的互动变成人机间的互动；翻译结果的传播方式也由以前的口头和书面传统方式发展到音频视频等多模态形式……翻译定义的转变，表明人们对翻译活动的重新认识，这对翻译基础理论研究和应用理论研究均产生很大的影响。"

从专家学者的探讨中，我们可以总结出：随着新时代的到来，翻译领域已经发生了巨大的变化。传统的翻译观念已经无法满足现代翻译实践和研究的需求，因此我们迫切需要对翻译进行重新定义。同时，这些学者的定义反映了翻译的多样性和复杂性，强调了翻译在语言、文化和意义传递方面的重要性。这些定义为我们理解翻译教学的定位与本质提供了有益的观点。

二、教学翻译、翻译教学、翻译教育的界定

教学翻译、翻译教学和翻译教育是与翻译相关的三个概念，它们在教育领域中具有不同的界定和重点，体现了翻译实践与教学理性思考的发展轨迹。

（一）教学翻译

在全球范围内，翻译一直以来都是外语学习中的主要方法之一，无论是在不同的阶段还是不同的学习类型中都得到了广泛应用。教学翻译是指在教育环境中进行的翻译活动。它强调将教材、教学资源等内容从一种语言转换成另一种语言，以便学生能够理解和使用这些教育资源。教学翻译的目的是帮助学生在跨语言环境中学习和掌握知识，促进跨文化交流和理解。教学翻译注重翻译的准确性和适应性，以满足学生的学习需求。罗选民强调，翻译在这种教学方法中只是理解外语语法和学习外语知识的一种辅助工具，是为了更好地服务外语学习而存在的。

（二）翻译教学

随着翻译在我国语言教育体系中的地位不断提高，翻译逐渐成为一门科目，翻译教学应运而生。相比教学翻译而言，翻译教学的目标已经发生了变化。翻译教学不再仅仅是为了学习和应用外语语言知识，而是强调通过语言的对比和转换来提高翻译策略的应用意识。正如让·德利尔（Jean Dealier）所说，翻译教学是为了外语专业的学生设计，旨在培养出口译、笔译翻译人才，满足社会的发展需求。穆雷提出，翻译教学目的在于提高双语转换能力及表达能力，使学习者拥有正确的翻译观和较高的翻译能力。此外，翻译教学还要注重对翻译效果进行系统评价，以及强调翻译实践行为的特殊性和复杂性。

（三）翻译教育

近年来，学术界对翻译与教育的讨论愈发激烈，翻译教育的概念与界定也备受关注。翻译教育是指以翻译为核心的教育体系和教育内容。翻译教育的基本内涵是"以人为本"的系统教育观，旨在培养翻译人文素养并强调翻译的社会价值。翻译教育基于翻译实践和翻译教学，不仅包括翻译实践技能的培养，还包括翻译理论、翻译伦理、跨文化交际等方面的知识和能力培养，更重要的是强调全面科学地认识和评价翻译现象。张威指出，翻译教育实践主要涉及翻译实践能力、翻译教学设计、翻译教材研发、翻译测试评估、翻译研究素养、翻译师资发展、翻译教育技术及翻译社会认知。另外，翻译教育也需要参考教育学、语言学、心理学、社会学理论和方法，探索翻译与教育之间的内在关系，深化对翻译伦理关系的认识。

（四）三者的关系

总的来说，教学翻译强调在教学过程中翻译的辅导作用，仅仅是一种教学手段，翻译教学侧重于培养学生的翻译能力和思维，而翻译教育则是一个更广泛的教育体系，旨在培养全面发展的翻译人才。这些概念相互关联，共同构成翻译教育领域的重要组成部分。

《普通高等学校本科外国语言文学类专业教学指南（上）英语类专业教学指南》中明确"教学翻译到翻译教学的转变"，并突出"翻译教学到翻译教育的转型"。从教学翻译到翻译教学再到翻译教育，这一演变过程体现了翻译实践、教学与研究所经历的不同阶段。每个阶段都有其不可或缺的作用。随着翻译研究的深入和发展，人们开始意识到仅仅教授翻译技巧是远远不够的。翻译教学的重点逐渐转向培养学生的翻译能力和思维，翻译教学更加注重培养学生的跨文化沟通能力、批判性思维和解决问题的能力。这样的教学可以帮助学生更好地理解和应用翻译理论，提高他们的翻译能力。然而，在新时代的背景下，翻译教学的发展并不仅仅局限于教室内的教学活动，翻译教育更广泛地涉及翻译研究领域的发展和推动。翻译教育强调翻译人文素养和翻译的社会价值，鼓励教师和学生积极参与翻译研究，推动翻译理论的创新和发展。同时，翻译教育应该关注翻译实践的需求，培养具有实践经验的翻译人才，为社会和行业提供更好的翻译服务。

三、英语翻译教学的界定

（一）英语翻译教学的层次

我国长期以来主要依赖高校外语专业的教学体系来培养翻译人才。改革开放后，随着教育的规范化和社会对翻译人才的需求急剧增长，翻译教学的专业性得到了提升。在教学体系上，翻译作为一个专业方向被纳入相应的英语语种专业中，如英语专业（翻译方向）。翻译专业的设立为培养翻译和翻译研究人才提供了一个正式的平台，但是在此之后，以专业方向的培养方式仍然继续存在，并成为一个重要的翻译人才培养途径。

我国目前的英语翻译教学形式多样，涵盖了不同类型和层次的需求。针对不同的教学任务和培养目标，教学内容和方法也各不相同，这些差异主要体现在相应的教学大纲中。英语翻译教学可以分为以下几种类型：高校英语翻译专业的教学、高校英语专业的翻译教学、高校公共英语的翻译教学以及非学历教育中的翻译教学。多种层次指的是从本科、硕士研究生到博士研究生、进修生等不同教学层次的英语翻译教育。张彬指出，翻译教学的类型和层次可以被视为一个连续的体系，呈现出由典型特征向外扩散的特点，边缘类型和层次逐渐进入另一个范畴。英语翻译教学的典型特征是以英语翻译类课为主要形式的翻译实践教学，其核心任务是培养学生必备的翻译技能和正确的翻译观。通过英语翻译类课程的设置和教学方法的选择，旨在使学生能够在实践中不断提高翻译能力。

这里值得一提的是我国高校在本科到硕士研究生的层级性、实践型英语翻译人才培养机制方面不断探索。2006年，广东外语外贸大学、复旦大学和河北师范大学三所高校获批设立翻译本科专业（BTI），率先尝试招收翻译专业本科生。2007、2008年，新增10所高校获准设置本科翻译专业。2007年，国务院委员会批准设置以培养应用型高级翻译人才为特点的翻译硕士专业学位（MTI），首批试点单位为北京大学等15所高等院校。2014年，为适应新时期新形势下经济社会发展对高层次专业翻译人才的需要，学界开始对培养更高层次翻译人才的翻译博士专业学位（DTI）设置进行探讨。这些都体现了我国翻译教育的发展，致力于构建一个科学的翻译本科、翻译硕士、翻译博士体系，确保高质量翻译人才的培养，为中外交流语言服务提供人才储备。

（二）英语翻译教学的范围

英语翻译教学的界定可以理解为对英语翻译教学活动的范围和内容的界定。英语翻译教学是一种教育活动，旨在培养学生的英汉/汉英翻译能力和专业素养。它涉及教师与学生之间的相互作用，以及教学材料、教学方法和评估方式等方面的设计和实施。英语翻译教学的界定可以从以下几个方面进行考虑：

1. 翻译教学的目标：英语翻译教学的目标是培养学生的翻译能力，使其能够准确、流畅地实现英汉/汉英两种语言之间的信息转换，并保持信息的准确性和意义的完整性。

2. 翻译教学的内容：英语翻译教学的内容包括语言知识、翻译理论、翻译技巧、跨文化交际等方面的内容。学生需要学习语言的语法、词汇、语用知识等，同时需要了解翻译的理论和方法，以及在不同语言和文化背景下进行英汉/汉英翻译的技巧和策略。

3. 翻译教学的方法：英语翻译教学的方法可以包括课堂教学、实践训练、案例分析、讨论交流等多种形式。教师可以通过讲解、示范、练习、反馈等方式来引导学生进行英汉/汉英翻译实践，同时可以通过讨论和交流促进学生之间的互动和合作。

4. 翻译教学的评估：英语翻译教学的评估可以通过考试、作业、项目等方式进行。评估的目的是检验学生的英汉/汉英翻译能力和专业素养，以及对所学知识和技能的掌握程度。评估结果可以为学生提供反馈和改进的机会，同时可以为教师提供教学效果的参考。

总之，英语翻译教学的界定涉及教学目标、内容、方法和评估等方面的考虑，旨在为学生提供有效的翻译培养和发展机会，以满足社会对翻译人才的需求。

（三）英语翻译教学的分类

英语翻译教学主要可以分为口译教学和笔译教学两大类。

口译教学是指培养学生能够在口头交流中进行即时英汉/汉英翻译的能力。这种教学注重培养学生的听力、口语和瞬时思维能力。口译教学的目标是使学生能够准确理解源语言（原文）的含义，并将其转化为流畅、准确、自然的目标语言（译文）。在口译教学中，学生需要掌握一定的词汇量，了解不同领域的专业术语，并具备快速理解和表达的能力。另外，他们还需要掌握不同类型的口译技巧，如同声传译、交替传译和连续传译等。

笔译教学则是培养学生在书面英汉/汉英翻译过程中的技能和能力。笔译教学的目标是使学生能够准确地将源语言的书面文本转化为目标语言的书面文本。笔译教学注重学生的阅读理解、写作和编辑能力的培养，以及对语言和文化的理解。在笔译教学中，学生需要学习如何处理文本的结构、语法和词汇选择，同时确保译文的准确性和流畅性。

口译教学和笔译教学都需要培养学生具备良好的语言基础，跨文化交际能力以及批判性和创新思维。这两种教学都强调实践和反馈，通过大量的练习来提高学生的英汉/汉英翻译技巧和能力。同时，教师在教学过程中需要根据学生的实际情况和需求，采用不同的教学方法和策略，以便更好地帮助学生提高英汉/汉英翻译水平。

在本书中所讨论的"英语翻译教学"特指"我国本科阶段英语翻译专业教学中的笔译教学"，旨在培养学生在英汉/汉英两种书面语言翻译中的能力和素养。

第二节　英语翻译教学的目标与意义

一、翻译能力相关研究

目前，我国学界普遍认同，翻译教学的最终目标是译者的翻译能力。正确理解翻译能力的内涵、构成因素、构成因素之间的相互关系，以及个体翻译能力的形成和发展，对科学设计翻译教学、培养满足社会发展需要的翻译人才具有重要作用。翻译能力的研究一直是国内外翻译研究领域的热点方向，各地的专项研究团队与机构大量涌现。在国外，对于"翻译能力"的内涵界定主要经历了几个阶段的演进，主要有"自然翻译"论、"多元要素"能力模式、"最简"能力模式等。"自然翻译"论认为翻译能力是一种"内在的语言技能"，指双语者与生俱来的语言能力，此能力会随语言能力的发展而提高。"多元要素"能力模式的发展逐渐衍生出了含复合要素的"成分模式"，该模式提出翻译能力由多个复合要素组成，这些要素包括双语能力、转换能力以及常识或主题知识等。一些代表性的模式包括贝尔（Bell）、朗斯代尔（Lonsdale）和普雷萨斯（Presas）提出的模式，以及PACTE研究小组提出的整体翻译能力模式。根据坎贝尔（Campbell）的观点，翻译能力可以从教学的角度进行分析，他明确指出翻译能力可以被分解为多个独立的要素，并且这些要素可以作为制定翻译课程和进行专门技能训练的目标。纽伯特（Neubert）认为，翻译能力被定义为"在翻译过程中应对各种易变任务的能力"。这种定义强调了翻译过程中的转换能力，并提出了5个关键参数，即语言能力、文本能力、主题能力、文化能力和转换能力。根据阿尔维斯（Alves）和冈纳尔维斯（Gonalves）的研究，他们提出了一个翻译能力框架，包括知识、能力和翻译策略。基拉利（Kiraly）则聚焦译者的主动性，他提出了译者问题识别能力、协作能力、创造力、翻译情境适应能力和行动能力等方面的能力。

PACTE是Process in the Acquisition of Translation Competence and Evaluation "翻译能力习得过程和评估专项研究小组"的简称，成立于1997年10月，该研究小组主要采用实证和实验方法，对翻译能力进行了全面且深入的研究。他们探讨了翻译能力的性质、组成以及习得过程和特点，并进行了翻译能力的评估。PACTE认为翻译能力新模式由双语能力、语言外能力、翻译专业知识能力、专业操作能力、策略能力这5种次能力和心理——生理要素构成。斯多兹（Lesznyák）、李瑞林、周恩等学者先后在其研究中指出，西班牙巴塞罗那的PACTE研究小组所提出的翻译能力模型是目前最系统的可视化模型之一，其成果在翻译教学研究方面产生了积极影响，特别是在翻译能力习得建模与绩效评价方面。

PACTE翻译能力模式虽然看似全面和细致，但在我国高校翻译教学应用中并没有起到很好的作用，作为西方翻译翻译职业教育的产物，PACTE翻译能力模式没能在中国实现本土化转型。我国学者一直关注与重视PACTE翻译能力模式的发展与应用，并做出相应思考。有学者（如陈维娟等）认为PACTE翻译能力模式对翻译能力的概念仍存在逻辑上的模糊，对译者能力习得过程的分析不尽合理，次能力模式研究方法也有弊端。也有学者（如马会娟等）认为PACTE翻译能力模式对翻译课程的针对性不够精确，并结合汉英翻译教学的特点，提出汉译英译者的翻译能力包括五部分，强调语言外能力以及查询资料能力的重要性。随着新时代的发展，对翻译能力的认识和要求亦是与时俱进，PACTE翻译能力模式虽几经修改，是否适合我们当前中国翻译新常态的发展要求仍有待验证。由此可见，PACTE翻译能力模式不具普适性，在具体的翻译语境中需要做不同程度的调整。

二、《翻译专业本科教学指南》对翻译能力的界定

我国翻译本科专业的建设和发展经历了一系列重要文件的指导。自2011年发布《高等学校翻译专业本科教学要求》以来，到2015年发布《翻译本科专业教学质量国家标准》，再到2020年发布《翻译专业本科教学指南》，都在宏观层面上对英语翻译专业的建设与发展起到了指导作用。翻译能力的界定在这些文件中逐渐清晰，见表1-1。

表 1-1 "翻译能力"在系列文件中的相关描述

文件	"翻译能力"的相关描述
《高等学校翻译专业本科教学要求》	首次提出翻译本科专业人才培养的"翻译能力要求",主要包括"理论、笔译、口译、翻译工具和文化素养"五个项目。这些要求根据"入学要求、基础阶段要求和专业教育阶段要求"的三个层级逐步推进,每个阶段都有详细的培养要求。(引自仲伟合,2011)
《翻译本科专业教学质量国家标准》	"学生应了解翻译基础理论,较好地掌握口笔译基本技能,初步掌握并运用翻译技术和工具,了解语言服务业的基本状况和翻译行业的运作流程。翻译本科专业学生毕业时需要具备一定的笔译能力和口译能力,即经过专业笔译训练后,能够胜任时政新闻类综合性文本和一般难度的政治、经济、社会、文化等专业文本的笔译工作;经过专业口译训练后,能够胜任一般体裁的工作交际、商务会谈、社区事务等场合的对话口译工作。" "翻译本科专业培养德才兼备,具有国际视野,具备较强的双语能力、翻译能力、跨文化能力、思辨能力、创新能力和创业能力,能够从事国际交流、语言服务、文化教育等领域工作的应用型翻译人才。具体而言,毕业生应熟练掌握相关工作语言,树立良好的职业道德,了解中外社会文化,熟悉翻译基础理论,较好地掌握口笔译专业技能,初步掌握并运用翻译技术和工具,了解语言服务业的基本情况和翻译行业的运作流程,能够胜任外交、经贸、教育、文化、科技等领域中一般难度的翻译、跨文化交流、语言服务等方面的工作"。(引自仲伟合,赵军峰,2015)
《翻译专业本科教学指南》	将翻译能力定义为:"能运用翻译知识、方法与技巧进行有效的语言转换,一般包括双语能力、超语言能力(如百科知识、话题知识等)、工具能力、策略能力等。" 翻译专业旨在培养具有良好的综合素质和职业道德、较深厚的人文素养、扎实的英汉双语基本功、较强的跨文化能力、厚实的翻译专业知识、丰富的百科知识和必要的相关专业知识,较熟练地掌握翻译方法和技巧,能适应国家与地方经济建设和社会发展需要,能胜任各行业口笔译等语言服务及国际交流工作的复合型人才

通过以上三个代表性文件的对比,我们可以看出:尽管《高等学校翻译专业本科教学要求》和《翻译本科专业教学质量国家标准》对翻译能力的重要性有所强调,但在表述上存在一定的限制,无法清晰地阐明翻译能力的概念以及实现途径。《翻译专业本科教学指南》则明确了翻译能力的内涵、构成

要素和培养方案，为各高校翻译本科专业提供了系统指导和参考，对完善翻译人才培养方案、深化教学改革、优化课程设置、更新教学内容、行业实践、教学操作和特色打造等方面都具有重要的意义。

三、翻译能力构成要素

《翻译专业本科教学指南》的出台，明确了翻译专业学生翻译能力的内涵与构成要素，与我国翻译专业教育的实际需求相契合。翻译专业学生的翻译能力主要由双语能力、超语言能力、工具能力、策略能力等多个子能力构成，而这些子能力之间相互联系、相互影响，可以共同促进学生翻译能力的提升，从而更有效地满足新时代社会经济发展的需求。

（一）双语能力

双语能力指的是能够理解、表达和转换两种语言之间的意思。具体来说，双语能力包括以下几个方面：

1. 语言理解能力：能够准确地理解所涉及的两种语言中的词汇、语法、句子结构和语言风格等方面的内容。这包括理解语言中的隐含意义、文化差异和语言表达的特点。

2. 语言表达能力：能够用准确、流利和自然的方式使用两种语言进行口头或书面表达。这包括正确运用语法、词汇和句子结构，以及使用恰当的语言风格和表达方式。

3. 文化意识和跨文化沟通能力：在翻译过程中，文化差异是一个重要的考量因素。另外，双语能力还包括对两种语言对应文化的了解和意识，以便能够准确地传达信息，并在跨文化交流中处理文化差异。

4. 翻译技巧和策略：双语能力还包括掌握翻译技巧和策略，以便在翻译过程中做出准确、流畅和适当的选择。这包括选择合适的翻译词汇、句子结构和表达方式，同时考虑上下文和语境。

在中国翻译教学的目标之一是全面提升学生对目标语言和文化的理解，同时加深对母语汉语和传统文化的把握，增强语言自信、文化自信。只有当学生具备高度的文化认同感，才能更好地向世界介绍和传播中国文化，讲好中国故事。翻译专业本科生需要具备优秀的语言交际能力，包括听、说、读、写等方面，以达到在外语类专业本科生中的较高水平。此外，他们还应该具备出色的母语水平，能够流利地运用母语进行各种不同体裁、不同语域的口头和书面交流。因此，培养双语能力是翻译教学的一个重要目标。

（二）超语言能力

超语言能力是指广泛了解和掌握常识、专业学科以及外在或潜在的陈述性知识，是翻译者在处理语言转换过程中所需的更高层次的认知和技能，涉及更深层次的理解、分析和创造力，主要包括双文化知识、百科知识和主题知识等。双文化知识指的是对不同文化背景和价值观的理解与适应能力，这种知识使得个体能够在不同文化之间进行交流和沟通，促进跨文化的理解和融合。百科知识则是指对各个领域的广泛了解，包括历史、科学、艺术等方面的知识，这种知识使得个体能够在各个领域中进行思考和分析，从而更好地理解和解决问题。主题知识则是指对特定主题或领域的深入了解和专业知识，这种知识使得个体能够在特定领域中成为专家，并为相关问题提供专业的见解和解决方案。此外，超语言能力还包括对上下文的敏感度和理解能力，翻译者需要能够识别和理解原文中的隐含信息、暗示和语境，以便准确地传达作者的意图。翻译者需要具备分析和推理的能力，以便在翻译过程中做出最佳选择。

另外，超语言能力还包括对语言变化和发展的敏感度。语言是一个不断变化的系统，词汇、语法和语用规则都会随着时间和文化的变迁而发生变化。翻译者需要不断学习和更新自己的语言知识，以适应这些变化并保持翻译的准确性和时效性。总之，超语言能力要求翻译者拥有丰富的知识储备和广泛的学科背景，使得他们能够更全面、更准确、流畅地传达原文的意思，确保翻译的质量和效果。

（三）工具能力

工具能力是指翻译过程中使用各种辅助工具和技术的能力。这些工具能力可以帮助翻译人员提高翻译效率、准确性和一致性，并简化在翻译过程中的一些重复性任务。以下是一些常见的工具能力：

1. 网络资源和搜索引擎：翻译人员利用互联网上的各种资源和搜索引擎

来查找和验证专业术语、背景知识等。熟练使用网络资源和搜索引擎可以帮助翻译人员获取准确的信息并提高翻译质量。

2. 计算机辅助翻译（Computer-Assisted Translation，CAT）工具：CAT工具是一类专门设计用于协助翻译人员进行翻译工作的软件，如SDL Trados、MemoQ和Déjà Vu等。这些软件通常包括翻译记忆库（Translation Memory）和术语库（Terminology Database）等功能，可以存储之前翻译过的句子和术语，以便在后续翻译中进行重复利用，提高翻译效率和一致性。

3. 机器翻译（Machine Translation，MT）系统：机器翻译系统使用自动化算法和模型来进行翻译。翻译人员可以使用机器翻译系统来获取初步的翻译结果，然后进行修改和校对，以提高翻译的质量和准确性。

4. 术语管理工具：术语管理工具可以帮助翻译人员管理和维护术语库，确保在翻译过程中使用正确的术语，提高翻译的准确性和一致性。

5. 语料处理技术：按照一定的标准对文本语料进行预处理、清洗、分析和转换的一系列技术方法和工具。按语种可分为单语语料库、双语语料库和多语语料库，双语语料库又可细分为平行语料库和可比语料库。通过建成语料库，可以用于机器翻译的训练、辅助翻译生产等。

6. 翻译质量控制技术和工具：从功能上来考虑，质量控制工具可以分为通用校对工具、计算机辅助翻译工具质控模块和专用翻译质控工具，旨在识别和解析翻译错误，确保翻译质量符合一定的规范和要求。通用校对工具用于检查常见的语言问题，消除基本语法、单词用法、拼写错误、标点符号、搭配不当等错误，达到初步控制翻译质量的目的。常见的有Microsoft Word的"拼写和语法"检查、黑马校对、Style Writer、Grammar Anywhere等。CAT工具软件本身自带记忆库、术语库，在最大限度上保证译文一致、准确。国外主流的CAT工具有SDL Trados、memoQ、Déjà Vu、Alchemy Catalyst等，国内的有传神iCAT、雪人CAT等。专用翻译质控工具主要分为独立式和嵌入式。其中，ApSIC Xbench、Verifika、QA Distiller、ErrorSpy、Okapi CheckMate是独立式的代表；SDL Trados QA Checker 3.0是嵌入式的代表。

（四）策略能力

策略能力在翻译过程中起着至关重要的作用。它涵盖了解决翻译过程中的内外部问题以及确保翻译的有效性所需的能力。这种能力既包括微观层面的文本转换策略能力,也包括宏观层面的与文本之外的策略能力,如沟通能力和团队合作能力等。在追求翻译能力的学习与掌握过程中,学生和译者必须具备一定的策略能力,以巧妙地整合已有的知识,紧密关联各项子能力,并逐步提升自身的翻译水平。这种能力的培养不仅需要对语言的深入理解,还需要对翻译过程的灵活把握。具体而言,策略能力包括以下方面:

1. 内部问题解决能力:翻译过程中可能会遇到各种难题,如语义难点、文化差异等。策略能力使学生或译者能够分析和解决这些问题,找到最佳的翻译策略。

2. 外部问题解决能力:翻译过程中可能面临一些外部问题,如时间限制、资源限制等。策略能力使学生或译者能够有效地管理这些问题,确保翻译工作的顺利进行。

3. 文本转换策略能力:这是微观层面的策略能力,包括选择合适的词汇、语法和句式等,以实现源语言和目标语言之间的准确转换。

4. 文本之外的策略能力:这是宏观层面的策略能力,包括与他人的有效沟通能力和团队合作能力。翻译工作通常需要与客户、编辑、校对员等多方合作,策略能力使学生或译者能够与他人有效协作,共同完成翻译任务。

总之,策略能力是翻译能力中至关重要的一环,它对学生或译者提高自身的翻译水平起着关键作用。通过培养和发展策略能力,他们能够更好地应对各种挑战,提高翻译质量和效率。

四、英语翻译教学的意义

英语翻译教学的意义在于培养学生的英汉/汉英翻译能力和跨文化交际能力,以满足新时代对翻译人才的需求。通过系统地学习英语翻译,学生能够掌握翻译理论和方法,提高其对语言和文化的敏感度,并培养其批判性思维和问题解决能力。

其一,英语翻译教学有助于提高学生的语言技能。英语翻译教学要求学生在源语言和目标语言之间进行准确、流畅的转换。这种转换过程需要学生深入理解两种语言的语法、词汇、语用等方面的差异。通过翻译实践,学生能够加深对语言结构和用法的理解，提高自己的语言表达能力。

其二，英语翻译教学能够培养学生的跨文化交际能力。英语翻译不仅仅是语言转换，还涉及文化传递和意义转化。学生需要了解英汉两种语言和文化之间的差异，理解语言背后的文化内涵，以便准确传达信息。通过翻译教学，学生能够增进其对不同文化的理解和尊重，提高跨文化交际的能力。

其三，英语翻译教学能够培养学生的专业素养。翻译是一项专业技能，需要学生具备一定的专业素养。英语翻译教学可以帮助学生了解翻译行业的规范和标准，培养他们的职业道德和责任感。通过翻译实践，学生能够提高自己的英汉/汉英翻译技巧和效率，为其将来从事翻译工作打下坚实基础。

其四，英语翻译教学能够培养学生的批判性思维和问题解决能力。教师通过提供实际的翻译挑战，如真实的文本材料或模拟的英汉/汉英翻译项目，让学生面对实际问题并寻找解决方案。这种实践性的学习环境可以激发学生解决问题的能力，并培养他们的创造性思维。此外，教师还可以通过合作翻译项目来鼓励学生进行团队协作，培养他们的团队合作和解决问题的能力以及自主学习的能力，提高批判性思维和创新能力。

综上所述，英语翻译教学对培养学生的英汉/汉英翻译能力和跨文化交际能力具有重要意义。它不仅可以提高学生的语言技能，还可以促进学生的跨文化理解和批判性思维，为他们在新时代的职业发展打下坚实基础。

第三节　英语翻译教学研究

一、英语翻译教学研究目前存在的问题

根据上述探讨，我们可以得出结论：英语翻译教学研究的论文数量一直在不断增加，研究的领域在不断扩展，同时研究的深度也在逐渐加强。尽管如此，仍然存在一些尚未解决的问题。

(一) 跨学科研究有限

目前我国英语翻译教学研究的跨学科研究有限，主要体现在学科之间的交叉与融合不够深入。英语翻译教学研究需要涉及语言学、文学、文化学、交际学、符号学、思维科学、教育学、计算机科学、社会学、传播学等多个学科的知识和方法，以全面理解和掌握翻译的复杂性和多样性。然而，在我国目前的研究中，由于学科之间的合作与协调还不够紧密，学科间的交流和合作机制尚未形成，以及研究者之间的跨学科背景和能力不足等原因，跨学科研究的实践和成果相对有限，这导致了对英语翻译教学的深入理解和综合分析的不足。因此，需要加强跨学科研究的意识和合作机制，促进加深英语翻译教学研究的深度和广度，以提升我国英语翻译教学的质量和水平。

(二) 实证研究不足且研究对象单一

目前我国英语翻译教学研究中的实证研究不足，主要表现在以下两个方面。首先，实证研究在英语翻译教学领域的应用仍相对较少，大部分以思辨法为主。例如，在英语翻译理论的相关研究中，由于缺乏配套的教学实验，研究者们往往只能通过观察和分析学生的翻译实践来得出一些结论。这种方法虽然能够提供一定的参考，但无法确切地验证理论在实际翻译教学中的效果。虽然一些研究者对英语翻译教学进行了一些实证研究，但总体来说，这方面的研究还不够深入和广泛。其次，实证研究在英语翻译教学中的方法和范围有待拓展。目前的研究主要集中在翻译过程、策略和技巧等方面，而对翻译教学的效果评估、教学方法的有效性等方面的实证研究相对较少。因此，需要进一步加大英语翻译教学实证研究的力度，拓宽研究方法和范围，以促进我国英语翻译教学的发展。

(三) 翻译教材研究成果较少

目前我国英语翻译教学研究中，对教材方面的研究存在一定的局限性。首先，现有的英语翻译类教材往往过于传统，缺乏与时俱进的内容和教学方法。随着社会的快速发展和全球化进程的加快，翻译领域不断涌现出新的需求和挑战，但教材的更新速度相对较慢，无法及时适应新形势下的英语翻译教学需求。其次，教材的编写往往缺乏系统性和针对性，无法满足学生不同层次和需求的学习要求。翻译涉及复杂的技能，不同学生在知识储备、语言水平和学习目标上存在差异，而现有教材往往无法提供个性化的学习路径和内容。另外，教材的评价和反馈机制也相对薄弱，缺乏有效的评估工具和指导方法，无法全面了解学生的学习情况和问题，从而无法及时调整教学策略和教材内容。因此，我们需要进一步加强英语翻译类教材的研究，提高教材的质量和适用性，以更好地满足学生的学习需求和翻译实践的要求。

（四）翻译测试与评估研究有限

目前我国英语翻译教学研究中，翻译测试与评估研究方面存在一些局限。首先，翻译测试的设计和评估方法相对简单，缺乏科学性和准确性。现有的翻译测试往往只注重对学生翻译水平的表面评估，而忽视对其认知过程、策略运用和专业素养等方面的深入分析。其次，翻译测试的内容和形式相对单一，无法全面反映学生的翻译能力和潜力。大多数测试仅仅注重对学生的词汇、语法和句法等基础知识的考查，而忽视对其跨文化交际能力、专业背景知识和翻译技巧等方面的评估。此外，翻译测试与评估研究在实践中缺乏针对性和实用性，无法有效指导英语翻译教学实践。因此，未来的研究应更加注重翻译测试的科学性和准确性，设计多样化的测试形式，全面评估学生的翻译能力，并将翻译测试与评估研究与翻译教学实践相结合，以提高英语翻译教学的质量和效果。

（五）师资发展相关研究受关注度不够

目前我国英语翻译教学研究中，师资发展相关研究的关注度不够。教师队伍的素质和能力对培养优秀的翻译人才至关重要，他们不仅需要具备扎实的翻译理论知识和实践经验，还需要具备良好的教学技能和方法、跨文化意识和数字素养。然而，通过对知识图谱的分析可知，目前大多数的研究主要集中在翻译理论和实践层面，对师资发展的研究相对较少。这导致了英语翻译教学中存在一些问题，如教师的教学方法和策略不够科学和有效，教师的专业素养和教学能力有待提高等。杨艳霞、钟爽对比了国内外翻译教师研究并指出，国内研究以理论思辨分析为主，关注教师能力的发展；国外研究以实证分析为主，基于翻译的职业化，关注技术对翻译教学和教师的影响。师资发展研究可以探讨教师培训、教师评估和教师专业发展等方面的问题，有助于提高教师的教学质量和能力。因此，加强师资发展相关研究的关注度，对提升我国英语翻译教学质量和培养高素质的英语翻译人才具有重要意义。

二、英语翻译教学研究展望

（一）注重跨学科研究

未来的英语翻译研究将更加注重跨学科研究。作为一门复杂的交际活动，翻译涉及多个学科领域的知识和技能。跨学科研究能够提供更全面、深入的理解，促进英语翻译研究的创新和发展。其一，语言学是翻译研究的基础学科，研究语言的结构、功能和演变。通过语言学的研究，我们可以深入了解各种语言的特点和差异，从而更好地理解和解释翻译中的语言现象。其二，文化学在翻译研究中起着至关重要的作用。翻译不仅仅是语言的转换，还涉及文化的传递和交流。文化学研究可以帮助我们理解不同文化之间的差异，从而更好地进行跨文化翻译。其三，认知科学可以对翻译研究产生重要影响。认知科学研究人类思维和认知过程，包括翻译过程中的注意力、记忆、决策等方面。通过认知科学研究，我们可以深入了解翻译者在翻译过程中的认知机制，从而提高翻译质量和效率。其四，计算机科学在翻译研究中的应用越来越重要。机器翻译等自动化翻译技术的发展需要计算机科学的支持，而计算机科学可以通过大数据分析和机器学习等方法来改进翻译质量和效率。在新时代，研究者们应该采用多角度和多视野的方式来审视和开展英语翻译教学研究，从不同的学科中寻找相关的理论和实践，并将其纳入英语翻译教学研究的体系中，以帮助提升译者的能力。

（二）注重实证研究

未来的英语翻译研究将更加注重实证研究，以提高翻译质量和效率。实证研究是一种基于数据和实际观察的研究方法，通过收集和分析大量的实际翻译数据，以验证和支持翻译理论和方法的有效性。在新时代，翻译研究者将更加重视使用科学方法和技术工具进行实证研究。其一，收集大规模的翻译数据,包括原文、译文和评估结果,利用统计分析、机器学习和自然语言处理等技术,对这些数据进行深入分析。通过对翻译过程和结果的量化研究,翻译研究者将能够揭示翻译中的规律和问题,并提出改进翻译质量和效率的方法。其二,实证研究将促进英语翻译研究与实际应用的结合。翻译研究者将与翻译工作者和翻译技术开发者密切合作,共同解决实际翻译中的挑战。通过实证研究的结果,翻译工作者可以了解哪些策略和方法在特定语境下更有效,从而改进自己的翻译实践。翻译技术开发者可以根据实证研究的发现,改进翻译工具和系统的性能。其三,实证研究可以促进翻译理论的发展和演变。通过对大量的翻译实践数据进行分析和比较,研究人员可以验证和修正现有的翻译理论,并提出新的理论框架和模型。这将有助于建立更加科学和可靠的翻译理论体系,为英汉/汉英翻译实践提供更好的指导和支持。综上所述,翻译研究中注重实证研究将使翻译更加科学化和专业化,推动翻译理论的发展,同时为翻译实践提供更科学和可靠的指导。

(三)注重翻译教材的开发研究

未来的英语翻译研究将更加注重翻译教材的研究。翻译教材在培养专业翻译人才、提高翻译质量和推动翻译行业发展方面起着重要的作用。首先,翻译教材的研究将更加注重适应不同学习者的需求和背景。随着全球化的加速和文化交流的增多,英语翻译教学需要更加关注学习者的多样性,包括语言背景、文化差异和专业领域等。研究者将致力于开发多样化、个性化的翻译教材,以满足不同学习者的需求。其次,翻译教材的研究将更加注重数智技术的应用。随着人工智能和机器翻译的发展,翻译教学需要紧跟科技的进步。研究者将探索如何将新技术应用于翻译教材的开发和使用中,以提高学习者的翻译效率和质量。例如,虚拟现实、增强现实和自然语言处理等技术可以用于模拟真实翻译环境、提供实时反馈和辅助学习。另外,翻译教材的研究还将注重培养学习者的语言能力、跨文化意识和专业素养。在全球化时代,翻译不仅仅是语言转换,还涉及文化传播和交流。研究者将关注如何通过翻译教材培养学习者的跨文化意识、文化敏感性和社交技能,使他们能够更好地理解和传达不同文化背景下的信息。最后,翻译教材的研究将促进翻译行业的发展。通过提供丰富的真实案例,研究和开发创新的翻译教材,可以提升整个翻译行业的水平和竞争力，推动翻译技术和理论的进步。总之，翻译研究将更加注重翻译教材的研究，推动英语翻译教育的发展，培养更多优秀的翻译人才。

（四）注重翻译测试与评估研究

未来的英语翻译研究将更加注重翻译测试与评估的研究，从单一模式走向多种模式的结合，以更好地对学生的翻译能力做出综合的评价。传统的翻译评估方法往往过于主观和不完善，无法全面准确地评估翻译的质量。杨志红指出，当前量化评估的主要模式大致可分为参数参照模式、扣分模式及能力描述模式。国外的翻译评估模式研究较注重将译文整体效果评估与微观层面评估相结合，逐步细化对译员翻译能力的描述，并对多种评估模式进行综合运用。国内翻译教学中常常采用错误扣分模式来评估学生的译文质量，在未来的翻译教学中评估翻译质量，我们既可以借鉴国外将错误扣分应用于翻译教学测试的经验，充分发挥错误扣分模式的优势，也应该注重发展能力描述模式，鼓励学生在关注"错误"的同时关注"能力"，从译文质量评估中获得对自身翻译能力的诊断性认识。整体而言，翻译测试与评估研究将更注重对学生翻译能力和核心素养的评价，利用数智赋能和深度学习，建立完善的评价体系，实现评价对象、评价方式、评价时间、评价内容的多元化、智能化与可视化，为英语翻译教学提供更客观科学的评估和反馈。

（五）关注教师发展研究

教师在英语翻译教学中扮演着重要的角色，其专业素养和教学能力直接影响学生的学习成果和职业发展。英语翻译研究中注重教师发展研究对提高翻译教学的质量和效果具有重要意义。通过关注教师的专业素养和教学能力，可以提高教师的翻译水平和教学质量，促进教师之间的交流与合作，从而推动整个翻译教育领域的发展。通过知识图谱可知，国内翻译研究论文中关注师资发展问题的较少。虽然已经有一些关于教师发展的研究，但翻译教师研究主要围绕教师能力和教学模式展开，而涉及翻译教师本体的研究非常局限，如教师信念、教师身份认同与建构、焦虑与困惑等，因此我们仍然需要更多的深入研究来完善翻译专业师资建设的视野，并为翻译教育的发展提供更好的支持。随着数字时代的到来,英语翻译教学处于转型期,教师们在这个转型中感受到了前所未有的矛盾和冲突、焦虑和困惑。随着人工智能和大数据技术的不断发展,基于深度学习的神经网络翻译技术给翻译教师的角色定位带来了一系列的挑战,同时引发了教师们对自己信念和身份认同的问题,这些问题值得我们进一步的探讨和研究。

(六)注重数智技术与翻译教学的融合

英语翻译教学研究中注重研究数智技术与翻译教学的融合具有重要意义。在新兴技术不断涌现的时代,数智技术在翻译领域的应用日益广泛,为翻译教学提供了新的机遇和挑战。通过研究数智技术与翻译教学相结合,能够更好地推动翻译教学的"数智化"转型。因此,研究者们致力于探索如何将数智技术与翻译教学相结合,以培养学生在数字化环境下的翻译能力。其一,研究者们关注数智技术在英语翻译教学中的应用。他们研究如何利用机器翻译、自然语言处理等技术工具来辅助翻译教学,提高学生的翻译效率和质量。通过引入这些工具,学生可以更好地理解和分析源语言文本,准确地翻译成目标语言,从而提高整体翻译水平。其二,研究者们关注数智技术对英语翻译教学方法的影响。他们研究如何利用数据驱动的方法和机器学习算法来改进翻译教学的设计和评估。通过分析大量的翻译数据和学习者反馈,发现教学中的问题和改进点,并提供个性化的教学策略和反馈,以满足学生的学习需求。其三,研究者们注重培养学生的数智技术能力。他们研究如何在英语翻译教学中引入数据分析、信息检索和计算机辅助翻译等技能,以提高学生在数字化环境下的翻译素养。通过培养学生的数智技术能力,使他们可以更好地适应翻译行业的发展趋势,并具备解决实际翻译问题的能力。其四,翻译技术和工具的应用在翻译领域催生出协作翻译等新模式,翻译职业化进程不断深入推进,流程化的翻译项目逐渐采用机器翻译与译后编辑模式,人机交互翻译模式的优化成为研究的重点之一。总之,翻译教学研究中注重研究数智技术与翻译教学的融合,旨在推动英语翻译教育与科技的结合,以培养适应数字化时代需求的翻译人才。这种融合不仅可以提高学生的翻译能力和专业素养,还可以促进英语翻译教学的创新和发展。

第二章 数字时代的英语翻译教学

数字时代的到来给教育领域带来了巨大的变革，英语翻译教学也面临着前所未有的机遇和挑战。随着数智技术的迅猛发展，教育方式和教学方法正在发生深刻的变化，数字时代的教学形态开始兴起。通过数智技术的应用，学生可以在虚拟环境中进行学习，获得更加个性化和自主的学习体验。这种变革也对英语翻译教学提出了新的要求和挑战，我们需要重新审视翻译教学的理论框架。数字时代强调跨文化交际、人机协同和多模态翻译，因此，我们需要将这些新的理论和概念融入英语翻译教学中，以培养学生更全面的翻译能力。本章中，我们将着重探讨数字时代的教学特性以及数字时代英语翻译教学的理论基础，如深度学习理论、具身认知理论、构建主义理论、联通主义理论、目标导向教学理论等。通过在英语翻译教学中创新地应用不同理论，不断优化翻译教学的模式和评价，促进数字时代英语翻译教学的创新和发展。

第一节 数字时代的教学特性

一、数字时代的发展

技术进步对社会发展的推动力是不可否认的。每一次技术革命都为社会生产力的提升注入了强大的动力，对人类的生产、工作和生活产生了深远的影响。从最早的工业革命到现代的数字化革命，技术的进步不仅改变了我们的生活方式，也重塑了我们的社会结构。有学者根据技术触发的控制结构转变，将社会发展划分为机械化、自动化、计算机化和信息化四个技术代际。这些技术代际的演进推动了生产方式的变革和生产力的提升。机械化的出现使得人们能够通过机械设备来替代体力劳动，提高了生产效率。自动化的发展进一步减少了人力参与，实现了生产过程的自动化控制，计算机化的兴起使得信息处理和数据管理变得更加高效和精确，而信息化的到来则使得信息的获取、传输和利用变得更加便捷和快速。近年来，随着科技的迅猛发展，信息化正朝着数字化的方向迈进。这种变化使得我们能够体验到全新形式的互动、生产和感知方式。人工智能、大数据、云计算等数字技术的广泛应用，改变着人们与信息的互动方式，推动着数字化社会的蓬勃发展。数字化为信息化提供了强大的支持和基础。数字化已经成为广义信息化历史进程中不可或缺的一部分，也是信息化发展的关键性要求之一。数字化是指将信息以数字的形式进行表示、存储、传输和处理的过程。通过数字化，信息可以更好地被存储、传递、复制和共享，提高了信息的可靠性和可用性。另外，数字化还推动了各行各业的创新和转型，促进了经济的发展和社会的进步。

（一）数字变革"3D"模式

数字变革"3D"模式是美国高等教育信息化协会（EDUCAUSE）在2020年提出的一种框架，用于描述数字革命在高等教育领域的发展过程。该模式将数字革命划分为三个阶段：数字化转换、数字化升级和数字化转型。

第一阶段：数字化转换是一种利用数字技术将信息从模拟格式转变为数字格式的过程。这个过程包括两个关键方面，即信息数字化和信息组织化。信息数字化是指将原本以模拟形式存在的信息转换为数字形式，以便于存储、传输和处理。信息组织化是指对数字化的信息进行整理、分类和管理，以便于快速检索和有效利用。

第二阶段：数字化升级是指以数字技术为支撑，通过优化组织运作流程和信息管理来提升效率与效益的过程。这一过程主要包括流程自动化和流程精简化。流程自动化是指通过引入数字技术，将原本需要人工操作的流程转变为自动化执行的流程，从而减少人力资源的投入和提高工作效率。流程精简化是指通过重新设计和优化流程，去除冗余环节和繁琐操作，以实现更高效的工作流程。

第三阶段：数字化转型的核心在于利用数字技术重新定义组织的活动、流程、模式和能力，以重塑组织的价值观并构建新的发展生态。数字化转型是建立在数字化转换和数字化升级的基础上的，数字化转型的核心在于应用数字技术，这些技术包括人工智能、大数据分析、云计算等，可以帮助组织实现更高效、更智能、更创新的运营方式。

综上，数字化转换、数字化升级和数字化转型是组织在数字化时代面临的重要任务和挑战。它们不仅是技术的变革，更是对组织的全面变革。只有通过有效的数字化转换和数字化升级，结合数字化转型的策略和实践，组织才能在数字化时代中保持竞争力并实现可持续发展。

（二）数字变革对教育的影响

数字化转型对各个领域的变革有着深远的影响，教育领域更是如此。在教育领域，数字化转型意味着将传统的教育活动与现代的数字技术相结合，从而创造出更好的教育方式。这种转型不仅仅是简单地将教育活动搬到了数字平台上，更重要的是通过数字技术的应用，改变了教育的形态和方式。教育数字化是将教育活动与现代数字技术相结合的一种方式，它们之间存在着独特的关系。根据数字变革的"3D"模式，数字技术的发展经历了三次革命，这些革命描述了数字技术所产生的价值的变化。从数字化到网络化、从网络化到智能化、从智能化到智慧化，每一次革命都带来了新的技术和新的应用场景，从而推动了教育数字化的发展。

数字化转换阶段：这是数字变革的起始阶段，主要涉及将传统的教育和学习过程转化为数字化形式。在这个阶段，学校和教育机构开始使用电子化工具和技术，如电子邮件、在线课程管理系统和在线学习资源等，数字化转换的目标是提高效率和便利性，使教育资源更易于获取和共享，以提供更多的数字化学习机会。

数字化升级阶段：在数字化转换的基础上，数字化升级阶段致力于整合和优化现有的数字化系统和工具，以提供更多的功能和服务。这包括引入智能化技术、在线协作工具、虚拟实验室、个性化学习平台等。数字化升级的目标是提高学生和教师的数字化技能与体验，促进更有效的教学和学习。

数字化转型阶段：这是数字变革的高级阶段，涉及对教育模式和实践的根本性变革。在这个阶段，通过创新和颠覆性技术的应用，彻底改变了教育的方式和模式。这包括采用人工智能、虚拟现实、区块链等前沿技术，重新定义学习环境和教育模式。学校和教育机构重新思考教学方法、课程设计和学生评估等方面，以更好地适应数字化时代的需求和挑战。数字化转型的目标是实现教育的全面革新，培养学生的创新能力和适应未来社会的能力。

通过"3D"模式，EDUCAUSE旨在帮助学校和教育机构理解数字变革的不同阶段，并提供指导和支持，以促进数字化教育的发展和创新。在数字化转型的过程中，教育数字化的发展脉络逐渐清晰。首先，数字化转型使得教育活动从传统的线下教学转变为线上教学。通过数字技术的应用，学生可以在任何时间、任何地点进行学习，大大提高了教育的灵活性和便捷性。其次，数字化转型推动了教育资源的共享和开放。通过数字技术，教育资源可以被更多人共享和利用，打破了传统教育资源的壁垒，提高了教育的公平性和效率性。最后，数字化转型促进了教育内容的个性化和定制化。通过数字技术的应用，教育内容可以根据学生的个性和需求进行定制，提供更加个性化的学习体验。

总之，数字化转型对教育领域的影响是深远的。教育数字化的发展是教育活动与数字技术相结合的产物，它不仅可以改变教育的形态和方式，还可以提供更加灵活、便捷、公平和个性化的教育体验。随着数字技术的不断发展，教育数字化的未来将会有更加广阔的发展空间。

（三）数字技术与教育的融合与变革

根据胡姣等的观点，教育数字化意味着"通过现代数字技术全方位、多维度、深层次的赋能，推动教育组织教学范式、组织架构、教学过程、评价方式等的转变"。祝智庭等指出，教育数字化转型旨在通过创新和变革教育系统，使其从供给驱动转变为需求驱动。这一转变的目的是建立一个开放、适应、灵活和可持续的良好教育生态系统。因此，教育数字化主要包括两方面的内涵。

一方面，数字技术的整合与交互。在当今数字时代，数字技术的快速发展和广泛应用已经对教育领域产生了深远的影响。教育数字化转型不仅仅是简单地将传统教育方式搬到了数字平台上，更是一场对教育的全面重塑。数字技术的发展和应用带来了数据革命的新形态，并逐渐形成了一种基于数据的决策模式。在数字技术和数据衍生的应用中，教育活动的场景也得到了扩展，从物理空间延伸到了数字空间。数字化教育不再局限于传统的教室，学生可以通过在线学习平台进行学习，教师可以通过虚拟教室与学生进行互动。数字化教育打破了时间和空间的限制，使教育变得更加灵活和便捷。在教育数字化转型中，数据、数字技术和数字空间已经成为不可或缺的要素，它们紧密融入教、学、考、管、测、评等教育全流程中，推动着数字技术与教育的深度融合。一线教师和研究者正在积极地将数字技术与教育深度融合，以提升教育质量和效率。数字化教育不仅仅是简单地使用数字工具，更是通过数据分析和挖掘来优化教学过程和教学效果。学校和教育机构利用数字技术进行教学管理和资源调配，教师利用数字工具进行教学设计和教学评估，学生利用数字平台进行学习和交流。只有深度融合数字技术和教育，才能实现教育的全面发展和提升。

另一方面，教育的创新和变革。教育的创新和变革是数字化转型的核心所在。在这个数字时代，数字技术带来了无尽的数字价值和潜力，推动教育产品、教育服务、教育流程、教育模式、教育组织等方面的创新和变革。通过数字化技术，教育产品可以更加个性化、多样化，满足不同学生的需求。同时教育服务可以通过在线平台和远程教育的方式，实现全球范围内的教育资源共享。教育流程的数字化可以提高教学效率和质量，如利用大数据分析学生学习情况，进行个性化的教学指导。教育模式的创新包括在线学习、混合学习等，打破了传统教室的局限性，提供了更加灵活和自主的学习方式。另外，数字化转型还促使教育组织进行改革，提升教师的数字素养和教育管理水平。总之，数字化转型为教育带来了前所未有的机遇和挑战，推动了教育的创新和变革。这些创新和变革引发了教育服务生态的改变和重组，如改变传统以学校为主体的教育模式，建立更加个性化、定制化的教育体系。因此，从本质上来看，教育数字化是系统性和整体性的变革，旨在推动教育的全方位变革，涵盖教育的各个要素、各个环节、各个业务领域，最终塑造出全新的数字教育生态。

二、教育数字化转型

（一）教育数字化转型的概述

教育数字化转型指"将数字技术整合到教育领域的各个层面，推动教育组织转变教学范式、组织架构、教学过程、评价方式等全方位的创新与变革，从供给驱动变为需求驱动，实现教育优质公平与支持终身学习，从而形成具有开放性、适应性、柔韧性、永续性的良好教育生态"。这是祝智庭、胡姣对教育数字化转型做出的定义，目前受到学界的广泛认可。

近年来，随着数字技术在经济社会发展中的重要作用日益凸显，各国政府和国际组织纷纷出台了数字化发展战略和计划，全面推动教育领域的数字化变革。高等教育数字化转型问题备受关注。例如，美国强调信息技术在高等教育中的有效支持，法国致力于实施"数字化校园"和"数字大学"战略，德国则重点推进高等教育和职业教育的数字化转型。另外，欧洲各国也强调数据在教育转型中的赋能作用，积极构建数字教育体系，推动数字教育生态的形成。在教学改革方面，越来越多的国家利用人工智能等新兴技术来优化教育组织和系统管理，打造沉浸式、智能化的教学和评价新模式，革新教学模式。通过教师智能教学、学生智能学习和个性化作业推荐等方式，构建人机协同教学的新模式。

我国教育正在迅速进行数字化转型，但从整体来看还处于探索起步阶段，面临着一些困境。《中华人民共和国国民经济和社会发展第十四个五年规划和2035年远景目标纲要》明确"加快建设数字经济、数字社会、数字政府，以数字化转型整体驱动生产方式、生活方式和治理方式变革"。目前，许多省市已经开始逐步推行教育数字化改革试点工作，教育部已经批准并公布了一些智慧教育示范区，如北京东城区、广东广州市、河北雄安新区等。这些示范区基于各自的教育信息化现状，进行了一系列有益的尝试，包括数字资源建设、数字化评估等。可见，"数智化"转型已经成为我国未来教育改革和发展的重要趋势。

（二）教育数字化的价值和意义

1. 提升教育质量

教育数字化可以为学生提供更加丰富、多样化的学习资源和学习方式。通过数字化教育平台，学生可以根据自身需求和兴趣选择学习内容和学习进度，实现个性化学习。不再局限于传统教材，学生可以通过在线图书、视频、互动课件等多种形式获取知识，从而拓宽他们的学习视野。此外，数字化教育还提供了更多的学习方式，如在线讨论、虚拟实验、模拟演练等，让学生能够在实践中探索、发现和应用知识。同时，教师能够利用数字化教学工具和资源，创造更具创意和互动性的教学内容。通过引入多媒体、动画、游戏等元素，教师可以激发学生的学习兴趣和积极性，提高他们的学习效果。教育数字化的发展不仅可以为学生提供更好的学习体验，也可以为教师提供更多的教学支持和资源，从而提高了教育的质量。

2. 扩大教育资源的共享和传播

教育数字化的发展在打破地域限制方面发挥了重要作用。通过网络和数字化平台，学习者可以轻松地获得来自世界各地的优质教育资源和学习机会。无论他们身处何地，只要有互联网的连接，他们就能够接触到来自不同国家和地区的教育内容。这种全球化的教育资源共享和传播，大大提高了教育的公平性和普及性。此外，教育数字化也为教师提供了更多的机会和平台来分享自己的教学经验与教育资源。通过在线教育平台和社交媒体，教师们可以与来自不同背景和文化的教育者进行交流和合作。他们可以分享自己的教学方法和策略，互相启发和借鉴，共同提升教育的质量和效果。这种教育的合作和交流，不仅有助于教师个人的专业发展，也可以为全球教育的进步做出重要贡献。因此，教育数字化的发展不仅仅是一种技术进步，更是一种教育公平和合作的推动力量。通过数字化平台的利用，我们能够实现教育资源的共享和传播，促进全球教育的进步和发展。

3. 培养创新和信息素养

教育数字化在培养学生的创新能力和信息素养方面具有巨大的潜力。通过数字化教学工具和资源，学生可以参与更加实践性和探究性的学习活动，从而激发他们的创造力和创新思维。例如，学生可以利用在线模拟实验平台进行实训，通过实践来探索新的解决方案和发现新的知识。此外，数字化教学还可以提供更多的资源和案例，让学生在解决问题的过程中培养创新思维和解决问题的能力。同时，教育数字化可以帮助学生提高信息素养和信息技术能力。在数字化教学环境下，学生需要学习如何有效地获取、评估和利用信息。他们可以利用互联网搜索引擎来查找相关资料，并学习如何从海量的信息中筛选出有用的内容。此外，数字化教学还可以提供在线学习平台和资源库，让学生学习如何使用不同的工具和技术来处理和展示信息。这些能力的培养将使学生在未来的学习和工作中更加具备竞争力。

4. 适应未来社会需求

教育数字化可以帮助学生适应未来社会的发展需求。在信息技术快速发展和智能化进程加速的背景下，数字技术已经成为人们日常生活和工作中的重要组成部分。我们目睹了许多令人瞩目的技术和创新，如数字银行、线上线下融合销售、自动驾驶、智能制造、智慧医疗等。这些数字化的新产业、新模式、新样态不仅令人惊叹，更象征着社会正以惊人的速度发生着变革，我们正式迈入数字智能时代的大门。通过教育数字化，学生可以提前接触和熟悉数字技术，如人工智能、大数据分析、云计算等，这些先进的技术不仅可以为学生提供更多的学习资源和工具，还可以帮助他们培养数字化思维和创新能力。例如，学生可以通过学习人工智能的基本原理和应用，了解到人工智能在医疗、交通、金融等领域的广泛应用，从而激发他们对未来职业发展的兴趣和热情。同时，教育数字化赋能终身教育，它不仅能够满足社会大众多元化、个性化学习需求，还能够在生活技能、兴趣爱好、职场素养、职业技能、老年学习、学历继续教育等领域发挥巨大的作用。通过构建灵活的学习方式、丰富的学习资源和便捷的学习环境，数字化教育为终身学习体系的建立提供了有力支撑。

总之，教育数字化可以提升教育质量，扩大教育资源的共享和传播，培养创新和信息素养，以及帮助学生适应未来社会的需求。这些价值和意义使得教育数字化成为现代教育发展的重要方向。

三、数字时代的教学特性

数字时代的教学特性体现在个性化学习、多样化学习资源、灵活便捷的学习方式、全面化的学习评价和实时的反馈等方面。

其一，个性化学习成为数字时代教学的核心理念之一。传统教育往往以群体为单位进行教学，忽视了每个学生的个体差异。然而，数字技术的发展使得个性化学习成为可能。通过智能化的学习系统，学生可以根据自己的兴趣、能力和学习进度进行定制化的学习路径。这种个性化的学习方式不仅能够提高学生的学习效果，还能够激发学生的学习兴趣和主动性。

其二，多样化的学习资源丰富了教学的内容和形式。在数字时代，学生可以通过互联网获取到丰富多样的学习资源，包括在线课程、电子书籍、教学视频等。这些资源不仅能够满足学生对知识的需求，还能够提供不同形式的学习体验，如虚拟实验室、在线讨论等。多样化的学习资源不仅可以丰富教学的内容，也可以提供更多的学习选择和学习方式，在满足学生多样化的学习需求的同时，拓宽学生的视野，培养学生的综合素养和创新能力。

其三，数字时代的学习方式变得灵活便捷。传统教育往往受制于时间和空间的限制，而数字技术的发展打破了这些限制。学生可以通过在线学习平台随时随地进行学习，无需受到时间和地点的限制。同时学生可以根据自己的学习进度和时间安排进行学习，不再受到固定的课时和作息时间的束缚。这种灵活便捷的学习方式使得学生能够更好地适应自己的学习节奏和生活节奏，提高学习效果。另外，教师也可以通过在线教学平台进行教学，节省了传统教学中的时间和空间成本，促进教育资源的共享和传播。

其四，全面化的学习评价成为数字时代教学的重要组成部分。传统教育往往以单一的考试成绩来评价学生的学习成果，忽视了学生的综合素养和能力。然而，在数字时代，学生的学习表现可以通过多种方式进行评价，包括作品展示、项目评估、自我评价等。这种全面化的学习评价不仅能够更全面地了解学生的学习情况，还能够激发学生的创造力和自主学习能力。

其五，数字技术的发展使得教师能够通过实时反馈和评估来更好地监测学生的学习进展。通过使用在线测验和作业提交等方式，学生可以即时获得自己的评估结果。这种及时的反馈不仅可以帮助学生们了解自己在学习中的表现，还可以帮助他们及时调整学习策略，提升学习效果。教师也可以根据学生的反馈结果，针对性地提供更具体的指导和支持，帮助他们克服学习中的困难和挑战。通过数字技术的应用，教师和学生之间的交流和互动变得更加便捷和高效，为教学和学习提供了更多的可能性。

然而，数字化教学也面临着一些挑战和问题。首先，数字化教学需要教师具备一定的技术能力和教学设计能力。教师只有熟悉并掌握各种教育技术工具和平台，才能有效地进行数字化教学。其次，数字化教学需要保障学生的网络和设备条件。在一些发展不平衡的地区，学生可能面临着网络不稳定和设备不足的问题，从而会影响数字化教学的推广和应用。

总之，数字时代的教学特性可以为教育教学带来许多机遇和挑战。通过个性化学习、丰富多样的学习资源、灵活便捷的学习方式、全面化的学习评价和实时的反馈，数字化教学能够提高学生的学习效果和兴趣，丰富学生有效的学习体验，促进教育的创新和发展。另外，数字化教学还需要教师和学生共同努力，克服技术和资源方面的问题，以实现数字化教育的可持续发展。

第二节　数字时代英语翻译教学理论

古人云：凡事须由其途，得其法，方能终其果。翻译教学理论是对英语翻译教学过程中的原则、方法和策略进行系统性研究和总结，旨在探讨英语翻译教学的本质、目标和效果，并提供指导英语翻译教学实践的理论基础。翻译教学理论涉及教育心理学、认知科学、社会学、教育技术等多个领域的知识，以及对教师和学生的角色、教学环境、教学资源等因素的考虑。数字时代对英语翻译教学产生了深远的影响，亟待我们重新审视翻译教学相关的理论。常见的翻译教学理论有：深度学习理论、具身认知理论、构建主义理论、社会文化理论、联通主义理论、目标导向教学理论、交际教学理论、反思理论、任务型教学理论、文化转换理论、信息处理理论等。这些理论提供了不同的教学方法和策略，可以根据具体的教学目标和学生需求选择合适的理论与方法来进行英语翻译教学。通过深入研究这些理论和概念，有助于将其更好地融入英语翻译教学中，以促进数字时代的翻译教学过程，改进教学方法，培养学生更全面的翻译能力。

一、理论基础

（一）深度学习理论

在计算机领域，深度学习是一种机器学习方法，旨在通过构建和训练深层神经网络来模仿人脑的工作方式。这种方法通过多个神经网络层级的堆叠，从输入数据中学习和提取抽象特征，以便进行分类、识别、预测等任务。深度学习在图像识别、语音识别、自然语言处理等领域取得了重大突破，被广泛应用于计算机视觉、语音识别、自然语言处理等任务。在教育领域，深度学习的意义略有不同。深度学习指的是一种教育方法或教学理念，旨在通过深入学习、理解和应用知识，培养学生的综合思维能力和创新能力。深度学习强调学生主动参与、探究和发现，注重培养学生的批判性思维、问题解决能力和创造力。这种教育方法强调学生的主体性和自主学习，与传统的被动接受知识的教学方式有所不同。尽管深度学习在计算机领域和教育领域具有不同的意义，但它们都强调了通过构建复杂的模型或思维方式来实现更高层次的理解和应用。以下重点介绍教育领域的深度学习。

美国学者费伦斯马顿（Ference Marton）和罗杰萨尔霍（Roger Saljo）在1976年发表的文章《学习的本质区别：结果和过程》（The Essential Difference between Learning：Results and Process）中提出了深度学习（Deep Learning）和浅层学习（Surface Learning）的概念。他们基于一系列对学习者学习过程的实验研究，并根据学习者的信息加工方式指出，学习者的学习可以划分为深度学习和浅层学习两种类型。这篇文章是首次提出深度学习和浅层学习的理论基础。随后，学者们通过对学生学习策略、学习动机和学习成果等方面的研究，加深了对深度学习理论的理解，并提出了相关的理论模型和教学方法。

浅层学习和深度学习在学习的层次和目标上有所不同。浅层学习注重知识的记忆和简单理解，属于较低水平的学习。它强调对事物的表面特征和基本概念的掌握，但缺乏对知识的深入挖掘和理解。相比之下，深度学习旨在引导学生超越机械式的学习，培养他们的知识迁移、实际问题解决和创新能力。它涉及高阶思维的理解和认知，要求学习者能够应用、分析、综合和评价所学知识，解决复杂的问题和面对新的情境。然而，深度学习并非与浅层学习完全对立，事实上，深度学习是在浅层学习的基础上发展而来的。学习目标的分类可以帮助我们理解这一点。布卢姆将认知领域的学习目标分为六个阶段，包括知道、领会、应用、分析、综合和评价。其中，知道和领会属于浅层学习的范畴，强调记忆和初步理解；而应用、分析、综合和评价则属于深度学习的范畴，要求学生进行高级认知活动，建立在记忆和初步理解的基础上。因此，深度学习是对浅层学习的延伸、发展和超越。深度学习通过培养学习者的高级认知能力和解决复杂问题的能力，使他们能够更好地应对现实生活中的挑战，并促进知识的迁移和创新。

教育学中的深度学习理论是指一种以学习者主动参与、探索和建构知识为核心的学习理念。深度学习理论强调学习者在学习过程中的主动性和自主性，鼓励学习者通过深入思考、探索和解决问题来建立对知识的深刻理解。深度学习理论的核心概念包括以下几个方面：

1. 构建知识：深度学习理论认为学习者应该通过自主探索和实践来建构知识。学习者需要参与到实际问题的解决中，通过探索和发现来建立对知识的深层次理解。

2. 主动参与：深度学习理论强调学习者的主动参与。学习者应该积极参与到学习活动中，提出问题、寻找答案、解决问题，并与他人进行合作和交流，以促进对知识的深度理解和应用。

3. 反思与元认知：深度学习理论注重学习者的反思和元认知能力的培养。学习者需要学会审视自己的学习过程，了解自己的学习策略和困难，并通过调整学习策略来提高学习效果。

4. 社会互动：深度学习理论认为学习者的学习应该是社会互动的过程。学习者应该与他人进行合作和交流，通过讨论和分享来促进对知识的深度理解和应用。

综上所述，深度学习理论在教育实践中的应用可以帮助学习者培养批判性思维、问题解决能力和自主学习能力。教师在实施深度学习理论时，应该充当引导者和促进者的角色，为学生提供适当的学习环境和支持，激发学习者的学习兴趣和动力，引导学习者主动参与和探索，以促进学习者的深度学习。

（二）具身认知理论

具身认知（Embodied Cognition）作为一种新型研究范式，最初是在对传统离身认知的批判基础上建立起来的。它在20世纪90年代兴起，近年来在心理学、哲学、生物学和脑科学等学科引起了广泛的关注和应用。具身认知理论根植于梅洛·庞蒂（Merleau-Ponty）的身体现象学和贝特森（G.Bateson）以及瓦雷拉（F.J.Varela）的生物学观点。庞蒂在他的著作《知觉现象学》中提出，身体并不是一个物体，而是一个自然主体，他强调了"我是我的身体"的观点。庞蒂将身体置于特定的时空和环境中，并认为身体与世界共存，是联系世界的重要手段。瓦雷拉等人则强调了两个重要观点：首先，认知是依赖于经验的种类，而这些经验源自具有各种感知运动能力的身体；其次，这些感知运动能力本身是根植于更广泛的生物、心理和文化情境中的。因此，具身认知理论认为身体在认知过程中起着重要的作用，认知是通过身体的感知和运动能力来实现的。这一理论不但对我们理解人类认知和行为的基础机制具有重要意义，而且为相关学科的研究提供了新的视角和方法。

具身认知强调身体、环境和认知之间的密切关系。根据大多数研究者的共识，具身性认知的基本命题是人们的认知过程受身体的形态结构、感觉系统、运动系统和神经系统的影响。具身认知不仅影响认知的加工方式，还影响认知的基本内容。在《具身认知》一书中，劳伦斯·夏皮罗（Lawrence Shapiro）总结了具身认知的三个主要观点：概念化、替代和构成。"概念化"观点认为，身体的种类影响有机体对世界的理解，不同的身体会产生不同的思维方式。"替代"观点认为，认知是通过身体与环境的互动而发生的，它发生在实时的具体情境中，认知、身体和环境是不可分割的整体。"构成"观点认为，身体或环境的某些部分实际上构成了认知的一部分。此外，有学者提出，离线认知是建立在身体的基础上的一种认知方式，即使大脑与环境分离（离线），它的活动也会依赖于与环境的相互作用。

总的来说，具身认知是强调身体和环境在认知过程中的作用，以及身体与环境之间的相互关系。它强调认知是情境性的，并且与具体的身体经验紧密相关。具身认知理论的重要性在于启示我们重视身体经验对认知的影响，并探索更有效的学习方式。在数字时代，具身认知理论的应用使得大脑、身体、环境和技术之间紧密联系在一起，为教育教学的改革提供了机遇。

（三）构建主义理论

构建主义理论是一种在教育、社会科学和哲学领域中广泛应用的理论框架。构建主义理论认为，学习是一个动态的、适应的过程，个体在学习过程中的活动是对环境的特定反映，知识是通过个体与外部世界的互动和经验建构而来的。以下是构建主义理论的一些关键观点：

1.学习是主动的：构建主义理论认为，学习是一个主动的过程，个体通过与环境的互动，主动构建自己的知识和理解。学习者不仅仅是知识的接收者，而是知识的创造者和建构者。

2.知识是建构的：构建主义理论强调，知识是通过个体与外部世界的互动和经验建构而来的。个体将新的信息与已有的知识和经验相结合，通过反思、探索和解决问题的过程来建构新的知识。

3.社会互动的重要性：构建主义理论认为，社会互动是学习的重要环境。通过与他人的合作、讨论和共享经验，学习者能够从他人的观点和经验中获得新的见解和理解。

4.学习环境的设计：构建主义理论强调学习环境的设计对学习的影响。学习环境应该提供具有挑战性的问题和情境，激发学习者的好奇心和探索欲望。同时，学习环境应该提供支持和指导，帮助学习者在知识建构的过程中获得必要的帮助和反馈。

5.学习者的主体性：构建主义理论认为，学习者是知识建构的主体。每个学习者都有自己的背景、经验和观点，他们通过主动参与和建构来构建自己的知识和理解。

构建主义理论对数字时代的英语翻译教学实践产生了重要的影响，它强调了学习者的主动性和参与性，鼓励学习者通过实践和反思来建构知识。另外，这种理论框架也改进了合作学习和问题解决的方法，从而培养学生的批判思维和创造性思维能力。

二、数字时代英语翻译教学理论的应用

（一）翻译教学中的深度学习理论

深度学习理论在翻译教学中的应用可以从计算机领域的深度学习和教育领域的深度学习的角度分别来阐述。

1. 基于计算机领域的深度学习

深度学习是一种人工智能的子领域，通过模拟人脑神经网络的结构和功能，对大量数据进行学习和分析，从而实现自动化的模式识别和决策。深度学习技术的应用可以为教育学领域提供个性化学习、自动化评估、智能教育工具和教育数据挖掘等方面的支持，促进教育的个性化和智能化发展，提高学生的学习效果和教学质量。在翻译教学中，深度学习是指一种基于人工神经网络的机器学习方法，用于解决语言翻译的问题。深度学习理论的核心思想是通过构建多层次的神经网络模型，让计算机能够自动从大量的训练数据中学习到语言之间的映射关系，从而实现自动翻译。深度学习理论在翻译教学中的应用主要包括以下几个方面：

首先，深度学习理论可以为翻译教学提供有效的工具和方法。通过深度学习算法，可以建立起针对翻译任务的神经网络模型，使其能够自动分析和理解源语言和目标语言之间的语义和结构关系。这样的模型可以用于机器翻译系统的开发，提供自动化的翻译能力，为学生提供实时的翻译辅助工具。

其次，深度学习理论可以为翻译教学提供更深入的理论支持。深度学习的核心思想是通过多层次的神经网络结构进行特征提取和学习，这与人类语言学习的过程有一定的相似性。研究者可以通过深入研究深度学习模型的结构和学习算法，探索人类语言学习的本质和机制，为翻译教学提供更科学的教学方法和策略。

此外，深度学习理论可以为翻译教学提供个性化和自适应的教学模式。深度学习模型可以根据学生的学习情况和需求进行自动调整和优化，提供个性化的学习内容和反馈。在翻译教学中，这意味着教师可以根据学生的语言水平和学习目标，为其提供针对性的翻译练习和指导，从而提高学生的翻译能力和效果。

总而言之，深度学习理论与翻译教学之间存在着紧密的互动关系。深度学习可以为翻译教学提供了强大的工具和理论支持，可以改善翻译效果，提高学生的翻译能力。同时，翻译教学为深度学习提供实际应用场景和数据资源，推动深度学习理论的发展和进步。这种互动关系将进一步推动教育领域和翻译教学的发展。

2. 基于教育领域的深度学习

深度学习理论是教育理论中的一个重要分支，是在建构主义理论、元认知理论、联通主义理论与分布式认知理论等众多学习和认知理论的共同影响下生成的，包括它关注学习过程中的深层次认知和理解，强调高阶思维能力和核心素养的培养。深度学习理论强调学习者的主动参与和自主构建知识结构，以及对学习内容的深入思考和探索。在深度学习理论中，学习被视为一个主动的、个体化的过程，而不仅仅是被动地接收信息。学习者被认为是知识的创造者和建构者，通过与学习材料的互动和反思，他们能够深入理解和应用所学的知识。同时深度学习理论强调学习的社会性和合作性。学习者通过与他人的交流和合作，共同构建知识和解决问题。这种社会性的学习环境可以促进学习者的思维发展和认知能力的提高。此外，深度学习理论还关注情感和动机对学习的影响。学习者的情感状态和动机水平对学习的效果和持久性起着重要作用。深度学习理论鼓励教师和教育者关注学习者的情感需求和动机因素，以激发学习者的学习兴趣和动力。

在数字时代，深度学习理论可以为英语翻译教学的研究提供新的思路和方法。英语翻译教学进行数字化改革需要强调学习者通过使用数字技术和信息化工具，在学习过程中的主动参与，更加主动地获取、分析和利用翻译资源，提出问题、探索解决方案，完成知识的构建，提高学习效果。数字时代的英语翻译教学中，学习者需要将语言知识、文化知识、专业知识等进行联结，形成综合的翻译能力；教师帮助学习者建立知识之间的联系，促进知识的迁移和应用。深度学习理论与英语翻译教学实现数字化的目标存在高度一致性，深度学习可以为构建高校英语翻译教学数字化转型的相关模式提供理论支持，为推动英语翻译教学与数字化技术的深度融合提供重要指导。

总之，深度学习理论在教育理论中提供了一个更加综合和全面的视角，强调学习者的主动性、社会性和情感因素的重要性。它为教育实践提供了一种指导,以帮助学生更好地理解和应用所学的知识。

(二)翻译教学中的具身认知理论

具身认知理论认为,认知过程具有涉身性,认知能力依赖于身体的结构和感知运动系统,并影响着我们的思维方式和心智活动。具身认知理论强调身体在认知过程中的积极参与,并鼓励我们利用身体感知和运动系统来支持认知活动。同时它重视身体与环境之间的动态交互,认为认知过程在本质上是身体与环境之间的相互作用。

因此,具身认知过程的关键在于增强学习者对学习内容的多通道感知。这意味着我们应该通过多种感官和运动方式来感知和理解翻译学习,而不仅仅依赖于纯粹的"看"和"译"。同时,具身认知强调学习者与学习环境的动态交互。这意味着我们应该积极参与到翻译学习环境中,通过与环境的互动来深化我们的学习体验和理解。此外,具身认知还强调学习者在学习过程中的情境体验。这意味着我们应该关注学习者在特定环境和情境中的体验和感受,因为这些因素会影响翻译学习的效果和质量。

在数字时代的英语翻译教学中,教师可以利用人工智能、大数据、增强现实等新技术的优势,为学习者打造虚实融合、生动直观的翻译学习环境,通过视觉、听觉和触觉等多种感知通道,学习者可以更好地与环境进行互动,使学习过程更加自然。这种学习方式使学习者完全沉浸在虚拟环境中,增强其学习的体验感和身心投入感,与具身认知理论相契合。

具身认知理论构建数字时代的英语翻译教学提供了有力的理论支持,主要体现在以下方面:

1. 支持虚实融合的翻译学习环境。通过应用虚拟现实等技术,可以创造出身临其境、互动性强、虚实融合的沉浸式翻译学习环境。在这种环境中,学习者可以在真实场景中进行翻译实践与学习,同时通过虚拟场景来增强学习内容的呈现和体验,以及提供多通道的感知方式。

2. 促进自然交互的翻译学习体验。在英语翻译教学中,我们可以利用多种智能技术,实时捕捉学习者的动作和表情等信息,并及时做出相应反馈,从而实现人与环境之间的有机互动。这种自然交互的学习方式能够为学习者提供更加个性化和灵活的学习体验。

3. 支持沉浸式的翻译学习方式。在英语翻译教学中，学习者可以参与具体化的学习场景，通过与环境的互动来获得多样化的体验，从而实现沉浸式学习的效果。这种学习方式不仅能够促进学习者身心的全面参与，还有助于学生构建知识体系。

4. 提倡学以致用的翻译实践。具身认知理论强调通过实际操作和动手实践来促进学习。在英语翻译教学中，学习者可以通过使用翻译软件、参与实际翻译项目或模拟翻译任务等方式，积极参与实践，提高翻译技能和认知能力。

综上所述，数字时代的英语翻译教学借助新技术和具身认知理论的支持，可以为学习者提供虚实融合的翻译学习环境、自然交互的翻译学习体验、沉浸式的翻译学习方式和学以致用的翻译实践，促进学生的翻译能力和认知发展。其中，虚实融合的翻译学习环境支持了学习者对学习内容的多通道感知，自然交互的翻译学习体验支持了学习者相互之间及其与环境的自然交互，沉浸式的翻译学习方式有效促进了学习者的全身心地参与翻译学习过程，提倡学以致用的翻译实践进一步支持学习者在多种情境中全面培养自身的翻译能力，提高翻译学习效果。

（三）翻译教学中的构建主义理论

构建主义理论认为，教学过程是学习者充分利用教学环境所给予的工具和资源来建立自己的认识和理解的过程。它强调学生通过主动参与和建构知识来学习。在数字时代，构建主义为英语翻译教学提供理论指导。

首先，数字时代的英语翻译教学已经进入了一个全新的阶段，利用人工智能、大数据等先进的数字技术，为学生提供了丰富多样的资源和工具，从而极大地拓宽他们的学习渠道。通过这些数字技术的应用，学生们不再局限于传统的纸质教材，而是能够通过网络平台、在线课程以及各种学习应用程序来获取知识。这些资源不仅包括丰富的译文例句、语料库和在线词典，还涵盖各种实时翻译工具和语音识别技术，使学生们能够更加灵活地进行翻译实践和自主学习。同时，这些工具可以为学生提供丰富的语言材料和实际的翻译实践机会，使他们能够在实际的翻译任务中构建和应用知识。

其次，数字时代的英语翻译教学强调学习者的主动参与和合作学习，符合构建主义理论的核心原则。在数字时代，学习者可以通过在线协作平台与教师和其他学习者的互动以及与真实的翻译项目的合作来建构翻译知识。他们可以通过在线讨论、协作翻译和对彼此作品的评价来共同解决翻译问题，分享经验和观点共同建构知识。这种合作学习的方式可以促进学习者的自主学习和思维能力的培养，使学习者能够通过互动和合作来构建自己的翻译知识。

最后，数字时代的英语翻译教学可以为提供更多的反馈和评估手段。数字技术可以记录学习者的学习过程和表现，教师可以通过分析学习者的数据来了解学习者的需求和问题，并及时给予个性化的建议和指导。这种个性化的反馈和评估可以帮助学习者调整学习策略，使其更好地掌握翻译技巧和语言能力，促进其知识体系的构建和发展。

综上所述，数字时代的英语翻译教学与构建主义理论密切相关。构建主义理论提供了一个理论框架，有助于指导数字时代下的翻译教学实践。数字技术为学习者提供了更多的实践机会、合作学习机会和个性化反馈机会，符合构建主义理论的核心原则，促进学习者通过主动参与和互动来增加自己的翻译知识与技能。

第三节 数字时代对英语翻译教学的影响

一、数字化翻译教学与翻译教学数字化

（一）概念界定

数字化翻译教学是指利用数字技术和工具来辅助翻译教学的过程。这包括使用计算机辅助翻译工具、机器翻译系统、术语数据库、语料库和在线资源等。数字化翻译教学的目标是帮助学生提高翻译效率和质量，更好地掌握

翻译技能和工具的使用。

　　翻译教学数字化则是将翻译教学整体数字化的过程，具体是指将翻译教学中的各个环节和要素通过数字技术进行整合、优化和创新的过程。它利用计算机、互联网和其他数字化工具和平台，将传统的翻译教学方式和手段转化为数字化形式，翻译教学过程中的各个环节数字化、在线化、智能化，以提高教学效果和效率。

　　1. 教学内容数字化。将翻译教学所需的教材、文献、案例等资源数字化，使学生可以通过在线平台或电子文档进行学习和查阅。教师可以根据学生的需求和教学目标，灵活地选择和调整教学内容。

　　2. 教学工具数字化。利用计算机辅助翻译工具、机器翻译系统等数字化工具，提供实际操作的平台和环境，帮助学生练习和应用翻译技能。学生可以通过这些工具进行实际的翻译练习和项目实践。

　　3. 学习管理数字化。利用学习管理系统和在线测评系统等数字化工具，对学生的学习情况进行管理和评估，提供个性化学习支持和反馈。教师可以通过这些工具监控学生的学习进展，并针对学生的需求提供个性化的指导和支持。

　　4. 教学模式数字化。通过在线学习平台、虚拟实验室、远程教育等数字化教学手段，实现翻译教学的线上化、互动化和自主化。学生可以根据自己的时间和地点选择学习，与教师和其他学生进行互动和合作。

　　5. 教学评估数字化。利用在线测评系统和自动评估工具，对学生的翻译作品进行评估和反馈，提供及时准确的评价结果。学生可以通过这些工具了解自己的学习成果和不足，并进行改进和提升。

　　通过翻译教学数字化，可以使学生在更便捷、灵活的环境中进行学习和实践，提高翻译技能和专业素养。同时，教师可以更好地监控和指导学生的学习过程，提供个性化的教学支持和指导。总体来说，翻译教学数字化为翻译教学带来了更多的机遇和挑战，促进了翻译教学的发展和创新。

（二）区别与联系

　　数字化翻译教学与翻译教学数字化是紧密相关的概念，但它们侧重点不同。数字化翻译教学是一种教学方法，旨在通过数字技术和工具提高翻译教学的效果；翻译教学数字化则是一种教学手段，通过数字化和在线化的方式改进翻译教学的各个环节。两者相互依存，数字化翻译教学需要翻译教学数字化的支持和基础，而翻译教学数字化可以提供更好的平台和条件来实施数字化翻译教学。

数字化翻译教学是翻译教学数字化的重要组成部分，它提供了实际操作的工具和技术，帮助学生更好地理解和应用翻译理论知识。翻译教学数字化则是将数字化翻译教学与其他数字化教学手段相结合，将整个翻译教学过程数字化，提高教学效果和效率。

数字化翻译教学和翻译教学数字化的关系是相辅相成的。数字化翻译教学为翻译教学数字化提供了技术支持和实践基础，而翻译教学数字化则为数字化翻译教学提供了更广阔的应用场景和教学资源。二者相互促进，共同推动了翻译教学的发展和创新。

二、翻译教学"数智化"转型的必要性

近年来，新一代数字技术，如人工智能、大数据、物联网和区块链等，正以前所未有的速度发展，推动高等教育向数字化、智能化阶段转型。党的二十大报告中提出"推进教育数字化，建设全民终身学习的学习型社会、学习型大国"。为适应教育数字化发展趋势，政府出台了支撑和鼓励数字技术和教育双向赋能的政策。2022年全国教育工作会议提出了"实施教育数字化战略行动"的目标，这是我国加强信息技术和现代教育融合发展的重要举措，也是"十四五"时期加速教育数字化转型的重要战略。随后，教育部门推出一系列指导性文件，如《教育部高等教育司2023年工作要点》《高等学校人工智能创新行动计划》《中国教育现代化2035》等。这些文件都强调了数字技术与教育教学深度融合的重要性，表明教育数字化是适应数字时代发展的必然选择，也是实现教育现代化的必要途径。当前，数字化正引领着教育变革和创新的潮流，人工智能语言大模型（如ChatGPT）的问世为语言教育、语言服务和翻译人才培养带来了巨大的机遇和挑战。在外语教育领域，进行"数智化"转型以适应新需求和变化已成为外语教育创新和变革的新机遇。在这种背景下，传统英语翻译教育将在教学理念、教学环境、教学模式、教学资源、教学评价和教学管理等方面发生重大变革。然而，如何

深度融合数字化和智能化技术与英语翻译教育，推动英语翻译教学的"数智化"转型升级，是当前教育数字化创新时代急需研究的重要课题。

近年来，教育领域的专家和学者们（如祝智庭、吴砥、王姝莉、李铭、胡姣、宁连举等）对教育数字化转型进行了深入的研究。他们从不同的角度探讨了教育数字化转型的本质、理论框架、实践逻辑与发展机遇、发展需求与推进路径以及国际经验。同时，一些学者还进一步研究了教育数字化转型所面临的困境和突破路径。然而，在中国知网上搜索关于"教育数字化转型"和"外语"的相关研究时，可以发现相关研究非常有限。目前的研究主要集中在数字教育生态与外语教育的融创实践以及外语教学数字化转型的实现方式上。祝智庭、胡姣提出从数字生态系统与联通主义、语言教育情景化虚拟学习环境、国际信息化教学创新以及外语数字学习资源生态等维度剖析了数字教育生态与外语教育的融创实践。杨宗凯指出通过构建全过程、全场景的数字化连接，加快外语教学的数字化转型，实现更加开放、灵活、沉浸、个性化的外语教学新形态。王华树指出，目前传统的翻译教育面临着一些问题，包括翻译多场景训练不足、师生或学生之间的互动不够、教学数据的联动性不足以及教学评价形式相对单一等。因此，在数字化转型背景下探索高校英语翻译教学模式的"数智化"转型路径，构建符合数字时代发展需求的英语翻译教学模式，将数字化和智能化技术与翻译教学深度融合，推动翻译教学的"数智化"进程，是本书研究的重点之一。

三、数字时代对英语翻译教学的机遇与挑战

（一）数字时代对英语翻译教学的机遇

数字时代的到来给英语翻译教学带来了许多机遇，英语翻译教学已经进入了一个全新的阶段。

1.在线资源和工具的丰富性。数字时代使得学生能够访问更多的在线资源，如在线词典、平行语料库、翻译记忆库和术语库等。这些资源为学生提供了更多的参考和支持，帮助他们更好地理解和掌握翻译技巧。

2.机器翻译技术的发展。随着机器翻译技术的不断发展，学生可以利用机器翻译系统进行翻译实践和反思。通过与机器翻译系统进行对比，学

生可以更好地理解机器翻译的优势和局限性，从而提高自己的翻译能力。同时，数字时代的英语翻译教学更加注重教授学生如何与机器翻译技术配合使用，发挥人机协同、译后编辑的优势。这种机器翻译技术的应用不仅可以提高翻译效率和准确性，而且可以培养学生与机器翻译系统合作的能力。

3.远程协作和合作的便利性。数字时代使得远程协作和合作变得更加便利。学生可以通过在线平台和工具与其他学习者、教师和专业翻译人员进行交流和合作。这种协作模式可以促进知识共享和经验交流，提高学生的翻译技能和专业素养。

4.多媒体和跨文化交流的机会。数字时代提供了丰富的多媒体资源，如视频、音频和图像等。学生可以通过翻译这些多媒体内容来提高自己的翻译能力，并且更好地理解和传达跨文化信息。此外，学生还可以通过在线社交媒体平台与不同文化背景的人交流，拓宽自己的视野和跨文化交流能力。

5.个性化学习和自主学习的支持。数字时代的教学平台和工具可以根据学生的个性化需求提供定制化的学习内容及反馈。学生可以根据自己的兴趣和学习进度进行自主学习，并通过在线评估工具来评估自己的翻译水平。这种个性化学习和自主学习的支持可以激发学习者的学习动力和积极性。

6.数据驱动的教学和研究。数字时代的英语翻译教学和研究可以基于大规模的数据集和统计分析。通过分析大量的翻译数据，教师和研究人员可以发现翻译中的常见问题和挑战，并提供相应的解决方案和教学策略。这种数据驱动的教学和研究可以提高英语翻译教学的效果与质量。

综上所述，数字时代为英语翻译教学带来了许多机遇。学生可以通过在线资源和工具获得更多的支持和参考，利用机器翻译技术进行实践和反思，通过远程协作和合作提高自己的翻译能力，利用多媒体和跨文化交流提升跨文化传播的能力，通过个性化学习和自主学习实现个人的学习目标，以及通过数据驱动的教学和研究提高英语翻译教学的效果。这些机遇为英语翻译教学的发展提供了新的可能性和前景。

（二）数字时代对英语翻译教学的挑战

数字时代对英语翻译教学带来了许多挑战，这些挑战涉及技术、方法和教学内容的变化。以下是对数字时代对英语翻译教学的挑战的一些要点：

1. 技术的快速发展。数字时代的英语翻译教学必须适应不断发展的技术。机器翻译、计算机辅助翻译和自然语言处理等技术的出现，使得翻译过程更加高效和精确。翻译教学需要关注这些技术的应用和使用方法，调整传统的翻译方法和教学模式，以培养学生的技术能力和适应能力。

2. 大数据和云计算。数字时代产生了大量的数据，这对英语翻译教学提出了新的要求。学生需要学会使用大数据和云计算技术来处理和分析文本，以提高翻译效率和质量。同时，数字时代的信息爆炸给学生带来了信息过载的问题。学生需要学会有效地搜索、筛选和评估信息，以便在翻译过程中获取准确和可靠的信息。英语翻译教学应该引导学生学习并掌握这些技术，以适应数字时代的需求。

3. 多媒体翻译。数字时代的翻译涉及多媒体内容的翻译，如视频字幕、游戏翻译和网站本地化等。这种翻译需要学生具备跨文化沟通和多媒体处理的能力。英语翻译教学应该培养学生的跨文化意识和多媒体技能，以满足这一需求。

4. 自主学习和在线学习。数字时代的英语翻译教学不再局限于传统的课堂教学。学生可以通过在线平台和自学资源来学习翻译知识和技能。翻译教学需要适应这种变化，提供在线学习资源和指导，同时引导学生发展自主学习的能力。

5. 文化和语境的考量。数字时代的翻译面临着更加复杂的文化和语境挑战。学生需要了解不同文化之间的差异，并在英汉/汉英翻译过程中进行适当的文化调整。翻译教学应该加强对跨文化交际和语境分析的教育，以提高学生的翻译质量和专业能力。

6. 质量控制和评估。数字时代的翻译虽然产生了大量的翻译作品，但其中质量良莠不齐。翻译教学需要教授学生如何进行质量控制和评估，以提高翻译作品的准确性和可读性。教师可以引导学生使用评估工具和标准，培养他们的自我评估和反思能力。

7. 专业素养和终身学习。数字时代的翻译要求翻译人员具备更高的专业素养和终身学习的能力。学生需要不断更新自己的知识和技能，以适应行业的变化和发展。翻译教学应该培养学生的专业素养和终身学习的意识，鼓励他们积极参与行业交流和学术研究。

  综上所述,数字时代对英语翻译教学提出了许多挑战。教师需要更新教学内容和方法,以适应数字时代的需求。学生需要学会使用和评估数字技术和在线资源,提高翻译效率和质量。同时,学生需要培养跨文化沟通和实践能力,以适应日益全球化和数字化的翻译环境。

第三章　数字时代英语翻译教学评价

近年来，国内外众多学者对数字时代的翻译教学进行了不断创新和改革。然而，这些研究大多停留在教学实践和模型构建的层面，缺少对翻译教学评价做出系统性研究。数字时代的翻译教学环境变得更加开放和智慧化，教学方式愈加灵活和便利，学习方式则更加自主和个性化，这给传统的英语翻译教学评价带来了机遇与挑战，因此，我们迫切需要推动评价标准更加公正合理，评价方式更加注重过程性和适切性。本章将从教学评价的相关概念、英语翻译课堂教学评价的理论基础以及数字时代对于英语翻译课堂评价的影响三个方面进行探讨。教学评价关注教学、学习和测评的过程和结果，对英语翻译教学具有调节性、导向性和监控性。通过评价，教师可以了解学生的学习情况，为教学提供指导和改进的依据。英语翻译教学评价需要建立在科学理论基础之上，以确保评价的有效性和准确性，这些理论为评价者提供了分析和评判学生翻译能力的框架和方法。数字时代的到来改变了英语翻译教学评价的方式和手段。通过数字化工具和平台，评价者可以更加方便地收集、分析和管理学生的评价数据，提高评价的效率和准确性。通过本章的研究，我们可以更好地理解数字时代下英语翻译教学评价的重要性和影响。这将有助于教师和评价者更好地利用数字化工具和平台，提高英语翻译课堂教学评价的质量和效果，促进学生的学习和发展。

第一节 教学评价的相关概念

一、教学评价的界定

评价是专业建设的一项重要内容，它在确保专业质量和实现培养目标方面扮演着关键的角色。通过评价，可以对专业的教学过程、教学质量、学生学习成果等进行全面的监测和评估，从而及时发现问题并采取相应的改进措施。

2018年，教育部颁布了《外国语言文学类教学质量国家标准》（以下简称《国标》），《国标》提到评价方面的三个核心概念，即教学评价、形成性评价和终结性评价。上海交通大学金艳教授对这三个概念进行了相关的界定。教学评价是教学中重要的一环，主要关注的是教学、学习和测评的过程和结果。作为教学质量的保障机制和提升教学质量的手段之一，教学评价的目的在于依据专业建设的总体目标和课程大纲规定的具体教学目标，通过对教学的过程和结果进行监测和评估，为教学提供决策依据，并为改进课程设计和实施提供反馈信息。教学评价涵盖了对教师教学的评价和对学生学习的评价。《国标》是为外语类专业本科生制定的培养标准，因此在这里，评价主要指对学生学习的评价，包括对学习过程的形成性评价和对学习结果的终结性评价。

按照评价方式，针对本科生的评价方式可以分为内部评价和外部评价两种。内部评价主要由教师进行形成性评价，学生进行自我评价和互评，并包括学校自主开发和实施的入学后分班、期中和期末考试。内部评价的目的在于帮助教师了解学生的学习情况和学习成果，以便针对性地调整教学策略和方法，提高教学效果。外部评价则是由第三方机构进行评价，如全国性、地区性或校际联合的学生外语能力考试，这些考试的题目和评分标准相对统一和客观，可以更全面、准确地评估学生的学习成果和能力水平。外部评价的结果可以为学校和教师提供决策依据，帮助他们改进教学方法和学生培养方案。在翻译学科中较权威的有全国翻译专业资格考试（CATTI）。该考试旨在对全社会的翻译专业人员进行统一认证，评估其在口译和笔译方面的双语互译能力和水平。通过CATTI考试，参试人员的翻译能力将得到权威的评价和认定。综上所述，内部评价和外部评价在评价本科生方面起着不同的作用。内部评价主要帮助教师和学生了解学习进展，调整教学和学习计划，提高教学质量；外部评价则更加客观全面，能够为教学和学习提供决策依据，并对学生的学习成绩和能力进行权威评估，两者相互补充，共同促进教学质量的提高。

二、教学评价的类型

根据实施功能和时间的不同，教学评价可分为诊断性评价、形成性评价和终结性评价。根据运用的标准不同，教学评价可以分为相对性评价、绝对性评价和个体内差异评价。按评价的方法的不同，可将教学评价分为定性评价与定量评价。此外，还有重视学生能力和发展的表现性评价、发展性评价、替代性评价和增值性评价。

（一）诊断性评价

诊断性评价是指对评价对象的现状和问题进行价值判断的过程。通常，它用于在教学活动开始前预测学生的知识、技能和情感状况，具体包括教学活动前学生知识的储备、注意力的稳定性、语言发展水平、认知风格、对学科以及课程的态度等。通过这种预测，能够获得学生的知识储备和准备情况，判断他们是否具备实现当前教学目标的基础条件，为个性化教学提供依据，有助于教师采取相应的改进措施。评估结果用于指导教学内容、教学设计和教学方法的选择，同时作为学习者确定学习目标、选择学习方法和学习内容的参考依据。诊断性评价可分为两种情况：一是针对症状进行诊断，旨在发现教学活动中的各种问题；二是进行原因诊断，主要是根据诊断结果逐步分析问题产生的原因，以便及时、准确地提供指导。

诊断性评价通常在教育活动之前使用，也可以在教育活动中进行，旨在提供全面的学习准备情况和有效的学生安排方案。在教学前，诊断性评价的关键作用在于揭示学生的学习状态，以便教师能够有针对性地制订教学计划。在教学过程中，诊断性评价则体现在发现并解决影响学生学习的因素，为教师提供宝贵的反馈信息。通过这种评价方式，教师能够更好地了解学生的需求和困难，从而采取适当的教学策略，促进学生的全面发展。无论是在教学前还是教学过程中，诊断性评价都是教育活动中的不可或缺的一环，可以为教师提供有力的支持，帮助他们更好地引导学生的学习活动。

（二）形成性评价

2020年5月，教育部英语专业教学指导分委员会编著出版《普通高等学校本科外国语言文学类专业教学指南》，并在"教学评价"部分明确指出："评价应以促进学生学习为目的，根据培养方案确定评价内容和标准，选择科学的评价方式、方法，合理使用评价结果，及时提供反馈信息，不断调整和改进教学。评价应注重形成性评价与终结性评价相结合。"

"形成性评价"自1967年美国教育评价学者斯克里文（Scriven）提出以来受到了广泛关注，中国外语教育领域对形成性评价的研究成果不断丰富。形成性评价，也称过程评价，是指在学习过程中对学生的学习情况进行持续监测和评估，以了解学生的学习进展和存在的问题。形成性评价是指在学习过程中对学生进行持续、全面、多样化的评估，旨在帮助学生发展其知识、技能和能力。与传统的单次、高压的终结性评价相比，形成性评价更注重学习过程中的反馈和指导，以促进学生的学习进步和自主发展。形成性评价的概念包括以下几个关键要素：

1.持续性。形成性评价是一种连续进行的评估过程，而不是仅仅在学期末或某个特定时间点进行的评估。通过在学习过程中的多次评估，可以更准确地了解学生的学习进展和困难，并及时采取措施进行调整和支持。

2.全面性。形成性评价不仅仅关注学生的学术成绩，还包括对学生的技能、态度、价值观等方面的评估。通过综合评估学生的多个方面，可以更全面地了解学生的发展情况，并提供更准确的反馈和指导。

3.多样化。形成性评价采用多种评价方法和工具，如作业、小组讨论、项目作品、口头报告等。通过多样化的评价方式，可以更好地了解学生的不同能力和学习风格，并提供个性化的反馈和指导。

4. 系统性。形成性评价是一个系统的过程，它涉及从教学目标的设定、教学内容的组织、教学方法的选择，到评价工具的设计和评价结果的反馈等多个环节。它强调评价与教学的有机结合，通过持续的评价和反馈，帮助教师调整教学策略，促进学生的学习和发展。

5. 动态性。形成性评价是一个动态的过程，它强调对学生学习过程的监测和调整。通过及时的反馈和指导，学生可以及时调整学习策略，提高学习效果。形成性评价注重学生的学习过程和成长，帮助他们认识自己的学习状态，激发学习动力，而不仅仅关注学习成绩的结果。

6. 个性化。形成性评价注重对学生个体差异的关注，尊重学生的多样性和个性化需求。它允许学生通过不同的方式表达自己的学习成果，鼓励学生发挥个人潜力，培养学生的自主学习能力。

综上所述，形成性评价是一种促进学生学习和发展的重要评价方式，强调学生的主体地位，注重学生的学习过程和能力的培养。形成性评价的目的是促进学生的学习动力、自主性和自我评价能力的发展，帮助他们建立对自己学习的认知和控制，从而实现更有效的学习和持续的进步。同时，形成性评价为教师提供了有效的反馈信息，帮助他们调整教学策略和方法，更好地满足学生的学习需求。

（三）终结性评价

终结性评价又称总结性评价，是教学中对阶段性成果的评价，用于总结和评估学生在学习周期末阶段所达到的知识、技能和能力水平。终结性评价通常在教学周期的末尾进行，可以是课程、单元或整个学年的结束。它与形成性评价不同，形成性评价是在学习过程中进行的，用于提供及时反馈和指导学生的学习进展。终结性评价则更侧重对学生学习成果的总结和评估，对学生的学习成果进行全面评估。终结性评价的特点如下：

1. 综合性。终结性评价要求学生综合应用所学知识、技能和能力，对学习内容进行全面的理解和应用。

2. 终端性。终结性评价发生在学习周期的末尾，对整个学习过程进行总结和评估，以确定学生在学期末或教学单元结束时的学习成果。

3. 高压性。终结性评价通常具有一定的压力，要求学生在有限的时间内展示他们所学的知识和技能，以便能够准确地评估他们的学习成果。

4. 决策性。终结性评价的结果对学生的学习成绩、晋级和毕业等方面的决策具有重要影响。

终结性评价与形成性评价相辅相成，在教学中扮演着重要的角色。它不仅能够帮助教师了解学生对教学内容的掌握情况，还能够为学生提供反馈和激励，促进他们的学习进步。同时，终结性评价有助于教师评估自己的教学效果，以便进行教学改进和调整。

（四）相对性评价

相对性评价是指教学中根据评价对象的实际情况设定标准的评价。它基于学生之间的相互比较，而不是将学生的成绩与某个固定标准进行比较。相对性评价的目的是帮助教师了解学生在特定学科或领域中的相对表现，并提供有关学生之间差异的信息。相对性评价的概念可以通过以下几个方面来阐述：

1. 相对性。相对性评价强调学生之间的相对表现，而不是将学生的成绩与固定标准进行比较。这意味着学生的成绩不仅仅是基于他们的绝对表现，而是与同一班级或同一群体的其他学生进行比较。

2. 比较。相对性评价的核心是将学生之间进行比较。这种比较可以基于不同的指标，如知识掌握程度、技能水平、学习进步等。通过比较，教师可以了解学生之间的差异，并为他们提供个性化的支持和指导。

3. 参照群体。相对性评价需要确定一个参照群体，即与学生进行比较的群体。通常，这个参照群体是同一班级或同一学校的学生。通过将学生与同一群体的其他学生进行比较，可以更准确地评估他们的相对表现。

4. 反馈和指导。相对性评价提供了有关学生之间差异的信息，这有助于教师为每个学生提供个性化的反馈和指导。教师可以根据学生的相对表现，针对他们的弱点提供针对性的支持，帮助他们取得进步。

相对性评价有助于激发学生的竞争意识，促进学生之间的相互学习和进步，以及提供更准确的反馈和指导。然而，相对性评价也存在一些潜在的问题，如可能导致学生之间的不健康竞争、降低学生的自尊心等。因此，在使用相对性评价时，教师需要谨慎处理，确保评价的公正性和合理性，同时注重学生的个体差异和发展需求。

（五）绝对性评价

绝对性评价是指在教学中对学生的学习成果进行独立评价的方法。它与相对性评价不同，后者是将学生的成绩与其他学生进行比较，而绝对性评价是根据学生个体的表现、能力和知识水平来进行评价。

绝对性评价的目标是根据学生在特定学习目标上的表现，对其进行客观的评估。这种评价方法将学生的成绩与预先设定的标准进行比较，这些标准可以是课程目标、标准化测试或其他形式的学习指标。

绝对性评价的优点体现为，在预先设定的标准客观的情况下，它能够提供对学生个体能力和知识水平的准确评估。它不受其他学生的影响，因此能更好地反映学生的实际能力。此外，这种评价方法还能够帮助教师了解学生的学习进展，并为教学提供有针对性的反馈。

然而，绝对性评价也存在一些限制。首先，它可能会受到评价标准的主观性影响。不同的教师可能会有不同的标准，导致评价结果的不一致性。其次，绝对性评价可能无法全面反映学生的学习情况，因为它通常只关注特定的学习目标或知识领域。

总之，绝对性评价是一种独立评价学生学习成果的方法，它关注学生个体的能力和知识水平，并将其与预先设定的标准进行比较。尽管存在一些限制，但结合其他评价方法还可以更全面地了解学生的学习情况。

（六）个体内差异评价

个体内差异评价是指在教学过程中，对学生个体之间在认知、情感、能力等方面的差异进行评估和分析的过程。每个学生在学习上都具有独特的特点和差异，包括学习风格、学习能力、兴趣爱好、学习动机、情感状态等。个体内差异评价的目的是了解每个学生的个体差异，以便更好地满足他们的学习需求，提供个性化的教学支持。个体内差异评价的概念包括以下几个方面：

1. 个体差异的多样性。个体内差异评价关注每个学生的独特性和多样性。每个学生都有不同的学习方式和能力，以及个人的兴趣、动机和情感状态。

通过评价这些差异，教师可以更好地了解学生的需求，制定相应的教学策略。

2. 评估工具的多样性。为了评价个体内差异，教师需要使用多种评估工具和方法。这些评估工具可以包括考试、测验、观察记录、作品展示、学生自评等。通过不同的评估工具，教师可以综合地了解学生的认知水平、学习进展、兴趣爱好等方面的差异。

3. 个性化教学支持。个体内差异评价的目的是提供个性化的教学支持。通过了解学生的差异，教师可以根据学生的需求和特点，调整教学内容、教学方法和评估方式，以便更好地促进学生的学习和发展。

4. 连续性评估和反馈。个体内差异评价应该是一个连续的过程，而不仅仅是在特定时间点进行的评估。教师可以通过不断观察和评估学生的学习表现，及时提供反馈和指导，帮助学生不断调整和改进学习策略。

总之，个体内差异评价是一种关注学生个体差异的评估过程，旨在为每个学生提供个性化的教学支持，促进其全面发展。通过评估学生的认知、情感和能力等方面的差异，教师可以更好地满足学生的学习需求，提高教学效果。

（七）定性评价

定性评价是教学评价中的一种方法，用于评估学生的学习成果和教学的效果。与定量评价相对应，定性评价主要关注对学生的质性描述和分析，而不是依赖于数字或统计数据。定性评价的目的是获取关于学生学习情况和教学质量的详细、全面的描述和理解。它通常采用观察、记录、描述和解释的方法，以收集和分析与学生表现相关的数据。这些数据可以包括学生的言语表达、写作作品、项目成果、表现和行为等。定性评价的特点如下：

1. 深入理解学生的学习过程和思维方式。通过观察和记录学生的行为、言语和作品，教师可以更深入地了解学生的学习过程、思维方式和问题解决能力。这有助于教师更好地调整教学策略，满足学生的个性化需求。

2. 提供详细的反馈和建议。定性评价可以为学生提供详细的反馈和建议，帮助他们了解自己的优势和改进的方向。教师可以根据观察和记录的结果，为学生量身制订学习计划，促进他们的个人成长和发展。

3. 多样化的评价方法。定性评价可以使用多种方法和工具，如观察记录、学生自评、教师评语、反思日志等。这样可以综合考虑学生的多方面表现，避免仅仅依赖于标准化的测试和考试。

4. 全面评估教学效果。定性评价不仅关注学生的学习成果，还关注教学的效果。通过观察和记录教学过程，教师可以评估自己的教学方法和策略是否有效，是否满足了学生的学习需求。

总之，定性评价是一种重要的教学评价方法，通过观察、记录和描述学生的学习表现，帮助教师深入理解学生的学习过程和思维方式，为学生提供个性化的反馈和建议，并评估教学的效果。

（八）定量评价

定量评价是指在教学中使用量化的方法和工具来衡量学生的学习成果和教学效果。它通过收集、分析和解释数值化的数据，以便对学生的学习进展、教学方法的有效性和教学目标的达成程度进行客观评估。定量评价的概念包括以下几个方面：

1. 量化数据收集。定量评价依赖于收集具体的、可量化的数据。这些数据可以是学生的考试成绩、课堂参与度、作业完成情况等等。通过定量数据的收集，可以获得客观、可比较的信息，从而更好地了解学生的学习情况。

2. 客观评估。定量评价强调客观性，即通过客观的数据来评估学生的学习成果。相比主观评估，定量评价更加客观可靠，减少了评价过程中的主观偏见。

3. 比较和分析。定量评价提供了对学生之间、不同时间段或不同教学方法之间的比较和分析。通过对数据进行统计分析，可以识别学生的强项和弱项，了解教学方法的有效性，并提供基于数据的决策支持。

4. 反馈和改进。定量评价的结果可以为教师提供有针对性的反馈，帮助他们了解学生的学习进展和教学效果。通过定量评价，教师可以识别出需要改进的方面，并采取相应的教学策略来提高学生的学习效果。

总之，定量评价提供了一种量化学生学习成果的方式，为教师和教育决策者提供了重要的信息，以促进教学质量的提高和学生学习的有效性。然而，它也存在一些限制，如无法全面评估学生的综合能力和非认知因素，以及可能存在的标准化测试的局限性。因此，在教学中，定量评价通常与定性评价相结合，以获得全面和多维度的评估结果。

（九）表现性评价

表现性评价是指教学中用于评估个体在特定任务或活动中展示出的能力、技能或知识水平的方法。它旨在通过观察和记录个体的实际表现来获取有关其在特定领域的能力和潜力的信息。表现性评价注重个体在实际情境中的表现，而非仅仅依靠传统的书面考试或标准化测试。该评价方法强调个体在真实环境中的应用能力，并鼓励学习者展示其独特的技能和才能。

表现性评价的核心特点包括任务真实性、综合性和个体化。任务真实性意味着评价任务与实际应用场景紧密相关，能够反映个体在实际情境中的能力。综合性要求评价过程综合考虑个体的多个方面，如知识、技能、态度和价值观等。个体化则意味着评价方法应根据个体的特点和需求进行个性化设计，以更全面地了解其潜力和发展方向。

表现性评价的目标是促进学习者的全面发展和深入理解。通过观察和记录学习者在实际任务中的表现，评价者可以获得对其能力和知识水平的直接观察和了解。这种评价方法能够鼓励学习者主动参与学习过程，培养其批判思维、问题解决和创新能力，并提供个性化的反馈和指导，以促进其进一步的学习和发展。

总之，表现性评价是一种基于实际任务和行为表现的评价方法，注重对个体在特定领域中的实际能力和应用能力的评估。它强调任务真实性、综合性和个体化，通过多种评价方法提供全面、客观和真实的评估结果，培养学习者的自主学习和反思能力，并促进学习者的全面发展。通过这种评价方法，评价者能够更准确地了解学习者的能力和潜力，并为其提供个性化的反馈和指导，以支持其学习和发展。

（十）发展性评价

发展性评价是教学中一种基于学生发展和进步的评价方法，强调对学生学习过程和成长的全面观察和评估。与传统的标准化评价相比，发展性评价更加注重学生的个体差异和学习进程中的变化，强调学生的发展过程和潜力的发掘。该评价方法旨在促进学生的发展和提高学习成果。以下是发展性评价的几个特征：

1. 强调全面性。发展性评价注重评价学生的多个方面，包括知识、技能、思维能力、创造力、情感态度等。它不仅仅关注学生的学科知识掌握程度，还关注学生的个性特点、学习策略和学习动机等方面。

2. 个体化。发展性评价充分考虑学生的个体差异，关注每个学生的学习进程和发展需求。教师通过观察、记录和交流等方式，了解学生的学习特点和困难，为他们提供个性化的支持和指导。

3. 过程性。发展性评价关注学生的学习过程，强调学生在学习中的思考、解决问题的能力以及学习策略的运用。它不仅仅关注学生的最终成果，还重视学生在学习过程中的反思和成长。

4. 反馈导向。发展性评价强调及时和有效的反馈，帮助学生了解自己的学习情况和进展，并提供具体的建议和指导。这种反馈不仅仅是给出成绩，还包括对学生学习策略、思维方式和解决问题能力的评价和建议。

5. 促进学习动力。发展性评价通过关注学生的学习过程和个体差异，激发学生的学习动力和兴趣。它能够帮助学生更好地理解自己的学习需求和目标，并提供相应的支持和挑战，促进学生的积极参与和主动学习。

总之，发展性评价是一种关注学生学习过程和发展的评价方法，通过全面性、个体化、过程性、反馈导向和促进学习动力等特征，促进学生的学习和发展。这种评价方法有助于培养学生的自主学习和自我评价的能力，促进他们的全面发展。

（十一）替代性评价

替代性评价是教学领域中一种广泛采用的评估方法，其旨在通过使用不同于传统标准化考试的方式来评估学生的学习成果和能力。替代性评价的设计侧重收集学生在实际任务、项目或情境中展示的综合能力，以便更全面地了解他们的知识、技能和思维能力。替代性评价的特点如下：

1. 注重学生的主动参与和实际应用。替代性评价通常要求学生进行探究、解决问题或完成真实世界的任务。这种评价方法能够模拟现实生活中的情境，使学生能够应用他们所学的知识和技能来解决实际问题，从而提高学习的可迁移性。

2.强调尊重学生的主体性和自我教育。替代性评价注重在评价过程中促进学习,并激发学生的学习动力。除了评价学生,替代性评价还允许学生对教师进行评价。替代性评价的核心是教师和学生,他们的共同参与必将提升课堂教学质量。替代性评价的理论基础源自多元智能理论、人的全面发展理论和学习建构理论等教育教学理论。此外,替代性评价强调自我教育,鼓励被评价者积极参与评价过程,并通过被评价者的自我监控,将评价视为促进个体提高和发展的外部因素。

3.强调学生的创造性思维和批判性思维的发展。替代性评价通过要求学生进行独立思考、分析和评估,能够激发学生的创造性思维能力,并培养他们的批判性思维能力。这种评价方式不仅关注学生的答案是否正确,更注重学生的思考过程和解决问题的能力。

4.具有个性化和多元化的特点。替代性评价通过提供多种评估方式和任务选择,能够更好地适应学生的不同学习风格和能力水平。这种个性化的评价方法有助于激发学生的学习兴趣和动机,提高他们的学习效果。

综上所述,替代性评价是一种基于实际任务和情境的评估方法,旨在评估学生的综合能力和思维能力。通过学生的主动参与、实际应用、创造性思维和批判性思维的培养,替代性评价能够更全面地了解学生的学习成果,并促进他们的学习发展。在数字时代,替代性评价的价值不可低估,它与深度学习、沉浸式学习的理念高度契合。因此,教育者应积极采用替代性评价,为学生提供更丰富、多样化的学习体验,帮助他们成为具有创新能力和解决问题能力的未来领袖。

(十二)增值性评价

增值性评价是一种教育质量评价方法,最初是由詹姆斯·科尔曼(James Coleman)在关于教育机会平等性的报告中提出的。它强调了学校效能的重要性,并引起了广泛的讨论。后来,1996年,香港教育统筹委员会将学生入学水平纳入教育质量评价,并引入了增值评价的概念。这一概念在国内学者中引起了重视。

根据杜庆的定义,增值评价是在一种基础指标的前提下,将基础指标作为原点,计算过程性指标或终结性指标与原点差值的绝对数与相对数,利用指标数据上的增加量来评判教育质量的高低。简而言之，增值评价通过比较学生在某个指标上的进步与基准值之间的差距来评估教育的效果。

增值评价是一种关注教育教学过程的评价方法，它强调学生在原有基础上的进步，并注重学生的纵向增值发展。增值评价具有公平性、人文性和激励性，符合教育评价改革的方向。已有研究对增值评价的理念进行了探讨，并应用于测量学校效能、教师绩效和学生学业评价等方面。这些研究指出，增值评价能够较好地发挥学校、教师和学生三方的作用。

增值评价是一种具有独特优点的教学质量评价方法，它能够以更客观的方式评估学生的学业水平，并全面反映学生在学习过程中的进步情况。这种评价方法的价值不仅仅在于为教师提供了准确的教学效果反馈，更在于能够引导教师及时调整教学策略，提升教学质量。

然而，我们不可忽视增值评价所面临的一些挑战。首先，如何确定合适的基准值和指标是一个需要认真思考的问题。评价的准确性和公正性直接取决于我们选择的基准值和指标是否切实可行。其次，评价结果受到其他因素的干扰是一个需要克服的难题。学生的学习环境、个人背景等因素可能会对评价结果产生一定的影响，我们需要在评价过程中尽量排除这些干扰因素，确保评价结果的准确性和公正性。

在数字时代，人工智能大模型的出现为增值评价带来了前所未有的便利。首先，人工智能大模型可以建立一个全面追踪增值评价的数据库，从而优化评价数据的收集、存储、分析和处理过程，提升数据存储的稳定性和可靠性。其次，利用人工智能大模型的生成性功能，我们能够根据师生的实际情况和需求选择适合的增值评价模型，并进行相应的调整和运算，大大提高增值评价的客观性和便捷性。再次，借助人工智能大模型，可以快速、便捷地汇总和分析增值评价结果，形成有指导性意义的评价结论。这样一来，我们能够更好地把握评价的核心要点，为师生提供有针对性的建议。最后，通过计算机图形学、图像处理等可视化技术，能够将增值评价结果以交互式的方式进行可视化呈现。这不仅有助于师生直观地理解评价结果，还能够提升评价的可信度和说服力。

总的来说，增值评价作为一种重要的教学质量评价方法，为教师提供了深入了解学生学业水平和进步情况的机会，从而有助于教学质量的提升。然而，我们在应用这一方法时必须认真思考并解决其中的挑战，以确保评价的准确性和公正性。只有这样，我们才能真正发挥增值评价的潜力。

三、课堂评价的内涵与原则

（一）课堂评价的内涵

课堂是教育过程的中心，为师生提供了一个结构化的学习空间。课堂是成为学生获取知识和发展能力的重要场所，所有教育改革的落脚点是课堂教学方式和评价方式的改革。课堂评价（classroom assessment）是指课堂教学过程中通过收集、分析和解释与学生学习相关的信息，以评估学生的学习成果、理解程度和能力发展。课堂评价旨在提供对学生学习的深入了解，以便教师能够调整教学策略和课程设计，满足学生的学习需求和提高教学质量。保罗·布莱克（Paul Black）和迪伦·维利亚姆（Dylan Wiliam）的研究中提到"课堂评价是检测和提高教学效果最有效的途径之一"。因此，它在国内外外语教学和语言测试研究中备受关注。

课堂评价是教学评价中最主要的一项内容。课堂评价的方法和工具多种多样，包括但不限于课堂观察、口头提问、小组讨论、作业、测验和考试等。这些评价方式可以帮助教师获取全面的学生信息，并根据评价结果进行教学决策。重要的是，课堂评价应该是持续进行的。教师通过了解学生的学习状况，不断根据学生的需求进行教学调整和个性化指导。通过评价，教师可以了解学生的知识掌握程度、技能运用能力以及学习态度和动机等方面的情况。同时，课堂评价为学生提供了及时的反馈和指导，帮助他们了解自己的学习进展和不足，从而更好地调整学习策略和提高学习效果。

王薇基于学习性评价理论对课堂评价的内涵从三个方面做出阐述。首先，课堂评价包括"作为价值判断的评价"和"作为问题解决的评价"，但重点在于"作为问题解决的评价"。这意味着课堂评价不仅仅是对教学成果和学生学业情况的测定和判断，而是要更关注学生课堂学习状态的跟进和支持，同时相应地调整教师的教学实践。其次，课堂评价涉及"对教师教学的反馈"和"学生学习的反馈"，但重点是"对学生学习的反馈"。从教的角度看，课堂评价是一种反馈机制，用于评估教学设计和教学过程的效果，以便在后续的教学中进行改进；从学的角度看，课堂评价是对学生学习状态的反馈，用于掌握、支持和指导学生的学习。这种反馈需要关注学生学习目标的达成程度，并提供具体的改进策略。再次，课堂评价包含"量化分析"和"质性分析"，但研究重点在于质性分析。为了促进学生学习的改进，课堂评价需要获得有意义的信息，因此需要重视对学生学习表现信息的解释，而不仅仅是追求某些数据。最后，课堂评价需要对每个学生的学习状况进行主观性的分析和解释，因此需要进行质性研究。

综上所述，课堂评价是以学生的学习为中心的评价。课堂评价在教育领域中广泛应用，旨在促进学生的学习和发展，提高教学效果，并为教育决策提供可靠的数据支持。在数字时代，课堂评价值得我们进行深入的探究。

（二）课堂评价的基本原则

课堂评价的基本原则是指在教学过程中对学生学习成果和教学效果进行评估的准则和原则。以下将从几个方面进行阐述课堂评价的基本原则：

1. 目标导向原则。课堂评价的设计和实施应该与教学目标紧密关联，以确保评估学生是否达到预期的学习成果。这意味着评价的设计应该明确反映出课程目标和学习目标，以便全面评估学生的知识、技能和能力。通过这种目标导向的评价，教师可以更准确地了解学生的学习进展和理解程度，从而为后续教学提供有针对性的指导和支持。此外，目标导向的评价还可以帮助学生更好地理解自己的学习目标，并激发他们的学习动机和努力。因此，教师在设计和实施课堂评价时应始终保持目标导向原则，以确保评价的有效性和可靠性。

2. 多元化原则。课堂评价的多元化原则是指在教学过程中，采用多种不同的评价方法和工具，以全面、客观、准确地了解学生的学习情况和能力发展。多元化评价原则的目的是促进教与学的有效互动，提供个性化的反馈和指导，以支持学生的学习和成长。多元化评价原则包括以下几个方面：其一，评价方法多样化。采用多种评价方法，如课堂观察、作业评定、小组讨论、口头报告、实验报告、项目作品等，以全面了解学生的学习情况和能力发展。其二，评价内容多样化。评价内容应涵盖知识、技能、思维能力、情感态度和价值观等多个方面，以全面反映学生的综合素质和能力水平。其三，评价时机多样化。评价应在不同的教学阶段和时间点进行，以及时了解学生的学习进展和困难，为调整教学策略和提供个性化支持提供依据。其四，评价参与多样化。评价应鼓励学生参与评价过程，如自我评价、互评、小组评价等，以培养学生的自我认知和自我调节能力。学生可以参与制定评价标准、自评、互评，从而增强他们对学习目标的理解和评价能力。其五，评价结果多样化。评价结果应以多种形式呈现，如成绩、评语、反馈意见等，以提供全面、具体的反馈和指导，帮助学生改进学习策略和提高学习效果。因此，课堂评价的多元化原则旨在促进教学和学习的有效性，提供个性化的反馈和指导，以支持学生的学习和发展。通过多种评价方法和工具的综合运用，可以更好地满足学生的学习需求和提高教学质量。

3. 过程性原则。课堂评价是教学过程中重要的组成部分，也是推动教学进展的关键因素。评价者既要关注评价结果，更需要关注评价的过程在教学过程中的作用，即遵循过程性原则。教学评价的过程性原则注重对评价的基本内容进行充分分析，以促进评价对象的发展为核心目标，并主张评价过程必须恰当地反映个人发展需求。这一原则的实施不限时空限制。例如，我们可以通过线上教学平台评估学生翻译任务的完成情况，评价他们在翻译课堂上的学习表现，评价他们参与课外活动的表现，进行翻译测验，让评价对象自评、互评学习成果等。在实施过程性原则时，需要关注：第一，将所有具有价值的教学活动纳入评价范围，无论这些活动是否可以达到预期目标，这样可以全面地了解评价对象的发展情况。第二，强调定量研究和定性评价并重，这意味着评价过程既注重数据和统计分析，也注重对评价对象的综合性描述和理解。第三，强调过程本身的价值，注重评价者与评价对象之间的互动，以促进评价对象的发展和改进评价方法。

4. 可持续性原则。课堂评价是一个持续的过程，它不仅仅是在特定时间点进行的，而是贯穿整个学习过程的持续性活动。这意味着课堂评价应该与教学过程相结合，教师需要时刻关注学生的学习情况，不断调整和改进评价方法和内容，以适应学生的学习进程和教学需求的变化。通过持续的评价，教师可以更好地了解学生的学习情况和需求，从而针对性地提供支持和指导。

同时，学生能够更好地了解自己的学习进展，发现自己的优势和不足，并相应地调整学习策略。在这个过程中，课堂评价不仅仅是给予学生分数和反馈，更是为学生提供一个积极的学习环境，激发学生的学习动力和自我提升意识。此外，课堂评价应该成为一个相互促进的循环。对教师而言，教师通过各种形式的课堂评价，促使教师不断反思自己的课堂教学，变革自己的教学理念，形成正确的课堂教学行为，提高课堂质量，同时发展教师的专业素养。对学生而言，课堂评价充分确立了学生的主体地位，提高学生的学习积极性，同时通过给予积极的反馈和鼓励，帮助学生建立自信心，鼓励他们不断探索、反思和成长，并为其未来的学习和职业规划提供指导。

第二节　英语翻译课堂评价的理论基础

一、目标理论

目标理论主要包括美国课程理论专家拉尔夫·泰勒（Ralph W.Tyler）提出的行为目标模式和美国著名心理学家本杰明·布鲁姆（Benjamin Bloom）提出的目标分类模式。

（一）行为目标模式

行为目标模式是20世纪30年代由教育评价之父泰勒提出的，也称"泰勒模式"。行为目标模式在教育评价理论的发展中产生了深远的影响，并被广泛应用于教育界的评价实践中。行为目标模式强调明确和具体的学习目标，以及对学生在实现这些目标方面的评估。该模式的核心思想是将学习过程分解为可观察和可测量的行为，以便评价学生是否达到了预期的学习成果。此外，行为目标模式强调将学生的行为目标作为评价的主要依据。该模式认为，通过观察和测验学生的行为，可以衡量教育方案和计划所达到的目标。评价的目的是判断教育活动实际达到目标的程度，并找出教育活动偏离目标的程度。通过提供信息反馈，教育活动可以尽可能地朝着目标前进。目标评价模式包括以下步骤：

1. 制定评价目标。将教育活动的目标分为一般目标和具体目标。一般目标是广泛的教育目标，而具体目标则是更具体、可操作的目标。

2. 分类和表述目标。根据目标的行为和内容，对目标进行分类，并使用语言清晰地表述出来。这有助于进一步分析具体目标的行为化程度。

3. 行为化地分析具体目标。将具体目标转化为可观察和可测量的行为，以便能够准确评估学生的表现。这样可以明确目标达成的标准和要求。

4. 确定应用目标情境和设计途径。确定应用目标时的情境，并设计出能够达到应用目标情境的途径。这有助于将目标与实际教学活动结合起来，使学生能够在实际情境中应用所学知识和技能。

5. 设计和选择测量方法。根据目标的性质和要求，适当地设计和选择测量方法。这可以包括问卷调查、观察记录、测试等方法，以收集有关学生行为表现的资料。

6. 收集和分析资料。收集有关学生行为表现的资料，并进行分析。通过对比最终收集的资料和之前确定的目标，可以评估教育活动的有效程度，并激发学生对已达到目标的反应。

行为目标模式的优势在于其明确性和可操作性，使教育者能够更好地规划教学和评估学生的学习成果。然而，一些批评认为该模式过于强调对可观察行为的评估，忽视了学生的综合能力和深层次的学习。因此，在使用行为目标模式时，教育者需要综合考虑学生的整体发展和学习需求，以确保评价的全面性和有效性。

（二）目标分类模式

目标分类模式是20世纪50年代由国际教育评价协会评价和课程专家布鲁姆提出的。这个理论认为，教育目标在教育教学评价中扮演着重要的角色。教育评价的核心是评价教学目标的达成情况。教育目标可以从整体上分为三个领域：认知领域、情感领域和动作技能领域，并设计了测量工具来评价这些目标的达成情况，其中最为成熟的是认知领域目标。

1. 认知领域目标是指认知的结果，包括知识、领会、应用、分析、综合和评价等六级水平，并设计了测量工具，如测验、问卷、作业题目等。这些工具可以帮助教育者了解学生在不同认知层次上的能力水平，并提供反馈和指导，以促进学生的学习和发展。

2.布鲁姆的教学目标在情感领域根据价值内化的程度划分为五个等级，分别是接受、反应、评价、组织和个性化。布鲁姆认为，培养学生的情感技能对形成其个性、品格和人类情感的内在成分至关重要。这些情感技能包括兴趣、信心、态度、价值观、情感和沟通能力等，它们与学生的认知能力相辅相成，共同促进学生的全面发展。

3.动作技能教学目标是指在教学结束后，学生在动作技能方面应该达到的预期目标。这些目标涵盖了知觉、模仿、操作、准确性、连贯性和习惯化等不同层次。布鲁姆认为，学生应该具备自我控制、自我激励、责任心和自尊心等心理动力。为了促进学生更好地认知自己并提升学习能力，对这些心理动力的发展需要进行评估。通过评估，我们可以帮助学生了解自己的成长和进步，并为他们提供更好的学习支持。在动作技能教学中，教师应该注重培养学生的自主性和自我反思能力，以便他们能够在实践中不断提高自己的技能水平。同时，教师应该鼓励学生树立目标，并为他们提供适当的挑战和反馈，以推动他们的学习进程。目标分类模式包括以下步骤：

1.确定教学目标以及评价标准。教学目标应该具有可行性和可衡量性，评价目标应当精确定义，分层次、分难度来分类，以便于教师、学生、家长等能够理解评价标准以及评价学生的成绩和表现。

2.设计评价工具。评价工具应当对学习目标逐层展开，并根据目标难易程度和层级来选择、设计适合的工具。通常可以包括主观测验、客观测验、评定表和量表、观察法和采访法等。其目的是让学生在学习、实践和评价环节中积极参与，主动探究和解决实际问题，并注重评价的针对性和多样性。

3.组织评价活动。在教学过程中，我们需要安排适当的时间和场所来进行评价活动，以便让学生更好地参与其中。评价活动的内容可以多种多样，包括小组讨论、写作、演讲、实验、观察和采访等形式。

4.分析和反思评价结果。评价过程应该与教学相结合，根据评价结果，对学生的表现和成绩进行分析和反思，注重学生对知识的掌握程度和各项能力的提高程度，并根据评价结果做出相应的课程调整和改进。

综上所述，布鲁姆的目标分类模式对培养学生综合能力、形成全面发展的评价体系、促进学生的自我发展都有着重要的参考价值。它与数字时代培养学生的翻译能力和核心素养项契合。值得注意的是，课堂评价的目的是促进学生的学习和发展，因此，在评价活动中既要关注学生的学习成果，也要关注学生的学习过程和自我探究能力的培养。同时，评价结果应该及时反馈给学生，以帮助他们更好地调整学习策略和提高学习效果。

二、CIPP 评价模式

CIPP 评价模式，也被称为"CIPP 模式"，是一种广泛应用于教育领域的评估模式，旨在帮助教育工作者评估和改进教学。CIPP 模式是由美国教育家丹尼尔·斯塔弗尔比姆（Daniel Stufflebeam）及其团队于 1960 年代提出。CIPP 代表了模式中的四个关键组成部分：背景（context）、输入（input）、过程（process）和结果（product）。CIPP 模式包括背景评价、输入评价、过程评价和结果评价。

1. 背景评价。在 CIPP 模式中，背景评价是评价的第一个阶段，用于收集和分析与评价对象相关的信息和数据。背景评价的目的是确保评价过程的有效性和可靠性。它的主要任务包括确定评价的目标和需求、了解评价对象的背景和特征、收集相关的文献和数据、分析评价对象所处的环境和条件等。通过背景评价，评价者可以获得对评价对象的全面了解，为后续的评价活动提供基础和指导。

2. 输入评价。输入评价是 CIPP 模式的第二个阶段，用于确定项目或计划的设计和实施阶段中所使用的资源和策略。输入评价的目的是评估项目或计划的设计和规划阶段，以确定所使用的资源、方法和策略是否适当。它关注的是项目的目标、计划、资源、策略和相关文档等方面。输入评价提供了一个机会，可以检查项目或计划的可行性、逻辑和一致性，并确保所选择的资源和策略与预期的结果相匹配。通过进行输入评价，评估者可以确定项目或计划的基础是否牢固，资源是否充足，策略是否合理，并提供改进建议。这有助于确保项目或计划在实施阶段能够有效地达到预期的结果，并提供有关如何调整设计和策略的指导。

3. 过程评价。过程评价是指对教育项目或计划在实施过程中的有效性、效率和可行性进行评估和分析的阶段。过程评价旨在了解教育项目在实施过程中的执行情况、教学策略的有效性以及学习者的参与程度。这一阶段的评价主要关注教学活动的实施过程、教育资源的利用和管理，以及教师和学生在教学中的互动情况。通过对教育过程的评价，可以帮助评估者了解教学活动是否按照预期目标进行，是否满足学生的需求，以及是否存在改进的空间。

在过程评价中，评价者通常采用多种方法和工具，如观察、访谈、问卷调查等，收集相关数据和信息。评价者既可以观察教学现场，记录教师的教学行为和学生的学习情况，也可以与教师和学生进行访谈，了解他们对教学活动的感受和看法。此外，评价者还可以通过问卷调查等方式收集学生和教师的意见和反馈。通过过程评价，评价者可以获得有关教育项目实施过程中的问题和挑战的详细信息，发现教学中存在的不足和改进的机会，并提供针对性的建议和意见。

4. 结果评价。在CIPP模式中，结果评价是指对教学活动的结果或成果进行评估和分析的过程，即终结性评价。评估者会评估学生的学习成果、教学效果以及教学活动对学生发展的影响。它关注教学活动的实际效果，以确定教学目标是否达到、学生是否获得了预期的学习成果以及教学方法的有效性。结果评价可以通过多种方法进行，如学生的测试成绩、课堂观察、问卷调查、学生作品等。通过结果评价，教师和教育决策者可以了解教学活动的实际效果，为进一步改进教学提供依据，并对教学策略和方法进行调整。

CIPP模式对数字时代英语翻译课堂评价具有重要的指导意义。其一，强调综合性评价。CIPP模式的优点在于它以系统化和综合性的方式评估教学，而数字时代英语翻译课堂评价倾向综合考查学生在不同环境下的学习表现和成果。数字时代的英语翻译课堂评价可以结合多种工具和技术，从多个角度评估学生的学习情况，包括在线测验、虚拟仿真、多媒体作品等。其二，强调实践性评价。CIPP模式中的过程评价和结果评价强调对学生实际表现和成果的评估，数字时代的英语翻译课堂评价注重学生的实际应用能力和成果展示。数字化工具和技术的应用使得学生可以更方便地展示自己的翻译作品和实践经验，评价者可以更直观地了解学生的实际能力。其三，强调个性化评价。数字时代的英语翻译课堂评价可以根据学生的个性化需求和学习进展进行评估，而 CIPP 模式中的背景评价和输入评价可以考虑学生的个体差异和学习环境的特点。数字化工具和技术可以提供更灵活和个性化的评价方式，如自适应测验、个性化学习路径等。

综上所述，CIPP 模式与数字时代英语翻译课堂评价在综合性评价、实践性评价和个性化评价等方面具有契合之处。数字化工具和技术的应用为 CIPP 模式提供了更多的评价方式和数据来源，同时 CIPP 模式为数字时代的英语翻译课堂评价提供了一个综合性的框架和指导。

三、发展性教育评价模式

发展性教育评价是我国在教育改革中提出的一种体现"立足过程，促进发展"的现代教育评价观。郝美田等指出，发展性教育评价模式的本质在于它强调评价不仅要关注结果，更重要的是通过结论来诊断教学过程和学生学习过程中存在的问题和不足，并及时提出改进的建议和措施，以促进课堂教学和学生学习的发展。与传统教育评价模式相比，发展性教育评价模式最大的特点是价值取向发生了转变。它不仅关注评价的目的和结论，而且更加重视评价的推动和发展作用。这种评价观体现了素质教育的理念，主张关注学生的发展过程，促进他们的全面发展。

发展性教育评价模式基于现代教育科学思想和现代课堂教学观的理论基础，通过科学方法对教育实践中的各个方面和发展过程进行评估和评价。传统的教育评价模式主要关注学生的学习成绩，忽视了学生的个体差异和发展潜力。发展性教育评价则不同，它强调评价过程中对学生的全面发展进行观察和评价。这种评价观认为，学生的发展是一个长期的过程，不仅仅是学习成绩的提高，还包括身心健康、社交能力、道德品质、创新思维等方面的发展。发展性教育评价模式注重对学生的个体差异进行评价，关注每个学生的特长和潜力。评价的重点不再仅仅是成绩，而是学生在学习过程中的表现和进步。这种评价观鼓励学生积极参与课堂活动，发挥自己的特长，培养自主学习和合作精神。发展性教育评价模式还强调评价的多样性和灵活性。传统的评价方式主要以考试为主，而发展性教育评价模式则主张采用多种评价方法，如观察记录、作品展示、小组讨论等。这种评价模式能够更全面地了解学生的学习情况和发展状况，为教师提供更准确的评价依据。发展性教育评价模式强调在人才培养过程中，通过采用多种方法来识别被评价者的差距和不足，并找出其优势和长处。这种评价过程不仅仅是一个持续的、促进发展的过程。其目的在于让学生通过参与发展评价活动，不断增进对自我的认知，进而发展自我、完善自我、优化自我，提升个人素质，促进全面发展，在这个过程中，被评价者将得到激励，扬长补短，并取得更多更大的成就。这种评价模式的关键在于鼓励个体不断超越自我，不断追求卓越，以实现个人潜能的最大化。

发展性教育评价模式是一种以促进发展为目标的现代教育评价观，为数字时代英语翻译课堂评价的开展提供有益的参考。其一，发展性教育评价模式强调学生的个体差异和全面发展，注重培养学生的创造力和批判性思维。在数字时代的英语翻译课堂评价中，可以利用数智技术开展沉浸式教学和虚拟翻译项目，通过多样化的评价方式，如在线翻译测试、翻译作业评估、翻译项目评价等，全面了解学生的翻译能力和创造性思维。其二，发展性教育评价模式注重培养学生团结合作和解决问题的能力。在数字时代的英语翻译课堂评价中，可以通过在线讨论、协作翻译和实时反馈等方式，促进学生在实际翻译任务中运用所学知识解决问题，同时学生可以通过在线平台与老师和其他同学进行互动，分享翻译经验和解决问题的方法，从而提高其翻译能力和团队合作能力。其三，发展性教育评价模式强调及时的反馈和指导，而数字时代的英语翻译课堂评价具有实时性、个性化和互动性的特点。学生可以利用在线平台随时提交翻译作品，老师可以即时给予反馈和评价，帮助学生及时纠正错误和改进翻译质量。其四，发展性教育评价模式鼓励学生的自主学习和自我评价。数字时代的英语翻译课堂评价中学生可以根据自己的学习进度和兴趣选择适合自己的评价方式和学习资源，实现个性化学习。同时，老师可以通过在线学习平台和社交媒体等工具，鼓励学生主动参与学习、分享学习成果，并通过互动和合作提升自己的翻译能力。

综上所述，发展性教育评价模式与数字时代的英语翻译课堂评价具有契合之处。通过利用数字技术和在线平台，评价方式更加多样和灵活，它能够更准确地评价学生的学习情况和发展状况，有利于更好地实现发展性教育的目标，培养学生的创造力、批判性思维、团队合作、解决问题和自主评价的能力。同时，数字时代的英语翻译课堂评价具有实时性、个性化和互动性的特点，能够提高评价的准确性和学习的效果。

第三节　数字时代对英语翻译课堂评价的影响

一、传统英语翻译课堂评价存在的问题

（一）评价缺乏综合性

在传统英语翻译课堂中，主要依靠笔试、口试等形式来进行学生学习评价，忽视了其他形式的评价，如小组讨论、翻译实践项目等。这种单一的评价方式无法全面了解学生的综合能力和实际应用能力，限制了评价的准确性和有效性。同时，评价方式通常局限于对学生翻译产品的评估，而忽视了学生的翻译过程、策略和技能的评估。这种单一的评价方式存在一定的局限性，因为仅仅通过评估翻译产品，既无法深入了解学生的思考过程、决策策略和问题解决能力，也无法全面了解学生的翻译能力和潜力。事实上，学生在翻译过程中所运用的策略和技能同样重要，它们能够反映学生的思维方式、语言运用能力以及对源语言和目标语言的理解。因此，评价方式应该更加细致和全面，既要关注翻译产品的质量，也要关注学生在整个翻译过程中的思考和决策以及所展现出的能力和潜力。这样的评价方式能够更好地激发学生的学习兴趣和动力，促进翻译能力的全面发展。

（二）评价标准固化

传统英语翻译课堂中的评价往往依赖固定的评价标准和模板，忽略了学生个体差异和多样性。这种标准化评价可能不适应不同学生的学习风格、语言背景和翻译目标，限制了学生的创造性和个性化发展。传统评价方式通常只关注翻译的准确性和忠实度，而忽视了其他方面的重要因素，如语言流畅性、表达能力、译文的风格和质量等。这种评价方式既没有给予学生足够的空间去发展自己的翻译技巧和创造力，也没有充分考虑到学生的个人特点和需求。因此，为了更好地培养学生的翻译能力和个性化发展，评价方式应该

更加灵活和多样化。评价标准应该根据学生的不同需求和目标进行调整，给予学生更多的自由度和创造空间，鼓励他们探索不同的翻译方法和风格。

（三）评价缺乏实际应用

传统英语翻译课堂评价通常将学生局限在课堂内部，仅仅关注学生在翻译理论和技巧方面的掌握程度。然而，这种评价方式缺乏与实际应用场景的联系，无法真实模拟翻译实践的复杂性和挑战。在实际工作中，翻译者需要面对各种语言难题、文化差异和时间压力等挑战，而这些因素在传统评价方式中往往被忽视。因此，为了培养学生在实际工作中所需的技能和适应能力，我们需要改变评价方式。数字时代赋能英语翻译课堂评价，评价者需要采用更有效的评价方式，将学生置于真实的翻译项目中，让他们面对实际的翻译任务，与客户、编辑和其他团队成员进行沟通和协作。通过这种方式，学生可以更好地理解翻译实践的复杂性，并且在实践中不断提升自己的技能和适应能力。这种评价方式不仅能够更准确地评估学生的翻译能力，还能够帮助他们更好地准备进入职场。

（四）评价缺乏反馈和指导

传统英语翻译课堂评价往往只提供简单的评分，而缺乏详细的反馈和指导。这种评价方式往往只是告诉学生他们的得分，却没有告诉他们具体的错误和不足。因此，学生们不但很难理解自己在哪些方面出错，而且无法得到对应的指导和建议。这种情况下，学生们往往无法进行自我反思和改进，他们只是不断地在错误中徘徊，无法真正提升自己的翻译能力。相比之下，如果评价方式能够提供更加详细的反馈和指导，学生们就能够更好地了解自己的问题所在，并且有针对性地进行改进。这样一来，学生们的翻译能力就能够得到更有效的提升。

（五）评价缺乏客观性

在传统英语翻译课堂中，评价缺乏客观性是一个普遍存在的问题。不同教师可能会有不同的偏好和偏向，他们可能会更加偏向某种翻译风格或者某种表达方式。这样一来，由于评价主观性较强，学生的评价结果就会受到教师个人喜好的影响，而不是真正客观地反映学生的翻译水平和能力。为了解决传统英语翻译课堂评价缺乏客观性的问题，教师需要让评价标准具备可量化和可操作性，能够让学生清楚地知道自己在哪些方面需要提升和改进。同时，教师应该尽量减少个人喜好和偏向的影响，真正客观地评价学生的翻译能力。此外，可以借助现代技术手段来提高评价的客观性。例如，可以利用机器翻译和自然语言处理技术来对学生的翻译进行自动评估，从而减少人为主观因素的干扰。这样一来，评价结果将更加客观、准确，也更有利于学生之间的比较和进步。

综上所述，在传统英语翻译课堂评价中，存在的问题主要包括评价缺乏综合性、评价标准固化、评价缺乏实际应用、评价缺乏反馈和指导以及评价缺乏客观性等。为了更好地促进学生的翻译能力发展，需要探索更加灵活、综合和实践导向的评价方式。

二、数字时代对英语翻译课堂评价的优势

（一）数字化评价

1. 数字化评价的定义

数字化评价是指利用数字技术和工具来收集、分析和解释评价数据的过程。它可以用于评估个人、组织或项目的绩效、效果和影响。数字化评价的目的是提供客观、准确和可靠的评估结果，以支持决策制定、改进和监测进展。通过数字化评价，评估者可以收集大量的数据，并利用数据分析工具来提取有关绩效和效果的信息。数字化评价还可以提供实时反馈和可视化展示，使决策者能够更好地理解和利用评价结果。总之，数字化评价通过利用数字技术和工具，提高了评价的效率、精确性和可用性，为决策和改进提供了有力的支持。

2. 数字化评价的特点

（1）客观性。数字化评价以数据为基础，通过量化指标和统计分析方法来评估和衡量被评价对象的特征和性能。相比主观评价，数字化评价更加客观，减少了个体主观偏见的影响，提高了评价的准确性和可信度。

（2）精确性。数字化评价采用精确的测量方法和数据采集技术，能够准

确地获取被评价对象的各项指标和性能数据。通过数字化技术的应用，可以实现对细微差异的捕捉和测量，提高评价结果的精确度。

（3）实时性。数字化评价可以通过实时数据采集和处理技术，及时获取被评价对象的最新信息和数据，使评价结果具有实时性。这使得数字化评价可以更好地适应快速变化的环境和需求，为决策提供及时的参考依据。

（4）可追溯性。数字化评价的过程和结果可以被准确地记录和存储，使得评价过程可以被追溯和复现。这种特点使得数字化评价具有可靠性和可验证性，可以为评价结果的合理性提供依据。

（5）自动化。数字化评价可以通过自动化的数据采集、处理和分析技术，减少人工干预和主观判断的影响，提高评价的效率和一致性。自动化的数字化评价可以实现大规模的评价任务，并能够快速地处理和分析大量的数据。

综上所述，数字化评价具有客观性、精确性、实时性、可追溯性和自动化等特点，这些特点使得数字化评价成为一种有效的评价方法，在教育领域具有很大的应用潜力。

3.数字化评价的功能

（1）数据收集与存储。数字化评价通过采集和存储大量的数据，包括被评价对象的各项指标、性能数据和相关信息。这些数据可以通过传感器、监测设备、数据库等技术手段进行收集和存储，为后续的评价分析提供数据基础。

（2）数据处理与分析。数字化评价利用数据处理和分析技术，对收集到的数据进行加工、转化和分析。通过统计分析、数据挖掘、机器学习等方法，提取数据中的有用信息，发现数据之间的关联和规律，为评价结果的生成和解释提供支持。

（3）评价结果生成与展示。数字化评价根据数据处理和分析的结果，生成评价报告、指标分析和可视化展示等形式的评价结果。这些结果可以以图表、报表、图像等形式呈现，使得评价结果更加直观和易于理解。

（4）评价结果解释与决策支持。数字化评价通过解释和解读评价结果，为决策提供支持。评价结果可以帮助决策者了解被评价对象的特征、性能和潜在问题，为制定合理的决策和策略提供依据。

（5）监测与改进。数字化评价可以实时监测被评价对象的状态和性能，并及时发现问题和异常情况。通过对评价结果的分析和比较，可以识别改进的空间和优化的方向,为持续改进和优化提供指导。

综上所述,数字化评价具有数据收集与存储、数据处理与分析、评价结果生成与展示、评价结果解释与决策支持以及监测与改进等功能。这些功能使得数字化评价成为一种强大的评价工具,在教育教学中发挥重要作用。

4.数字化评价在教学中的应用

(1)学生绩效评估。数字化评价可以通过收集和分析学生的学习数据,如作业成绩、考试成绩、在线学习活动等,对学生的学习绩效进行评估。这种评估可以提供更全面、客观和准确的学生绩效信息,帮助教师了解学生的学习状况,并为个性化教学和学生支持提供依据。

(2)教学质量评估。数字化评价可以对教师的教学质量进行评估。通过收集和分析教学过程中的数据,如教学资源使用情况、学生参与度、学习成果等,可以评估教师的教学效果和教学方法的有效性。这种评估可以帮助教师改进教学策略,提高教学质量。

(3)课程评估与改进。数字化评价可以对课程的设计和实施进行评估。通过收集和分析学生对课程的反馈、学习成果和学习过程中的数据,可以评估课程的有效性和吸引力。这种评估可以帮助教师和教育机构改进课程设计,提高课程的质量和适应性。

(4)教育政策决策支持。数字化评价可以为教育政策的制定和决策提供支持。通过收集和分析大量的教育数据,如学生学业发展、教师培训情况、学校管理效果等,可以评估教育政策的实施效果和教育系统的整体状况。这种评估可以为政策制定者提供科学依据,指导教育政策的调整和改进。

综上所述,数字化评价在教育中具有学生绩效评估、教学质量评估、课程评估与改进以及教育政策决策支持等功能。这些功能可以提供全面、客观和准确的评价信息,帮助教师和教育决策者做出更有针对性和有效性的决策,促进教育的发展和提高教育质量。

(二)数字化评价在英语翻译课堂评价中的优势

1.提供多样化的评价工具

数字技术的发展为英语翻译课堂评价提供了多样化的工具和平台,这为传统的评价方式带来了重大的改变。传统的评价方式通常只能依靠教师的主观判断，而数字时代可以利用在线翻译平台、自动评分系统等工具来提供更客观的评价指标。例如，通过在线翻译平台，学生可以将他们的翻译作品上传到平台上进行评价。这些平台通常配备了专业的词典、语料库和翻译术语库，可以帮助学生更准确地翻译文本。同时，这些平台可以提供实时的评价和反馈，指出学生在翻译过程中可能存在的错误类型，并给出改进建议。这种实时反馈有助于学生及时纠正错误，提高翻译质量。另外，自动评分系统也是数字技术在英语翻译课堂评价中的一项重要工具。这些系统可以根据预设的评分标准，对学生的翻译作品进行自动评分。这种评分方式不仅能够提供客观的评价指标，还可以节省教师的时间和精力。另外，自动评分系统还可以为学生提供详细的评价报告，包括翻译的准确性、流畅性、用词选择等方面的评价，帮助学生全面了解自己的翻译水平并进行自我反思。

总的来说，数字技术为英语翻译课堂评价带来了新的可能性和机遇，通过在线翻译平台和自动评分系统，学生可以得到更客观、准确的评价指标，并及时获得反馈和改进建议。这些工具和平台的使用有助于提高学生的翻译质量，促进他们的学习和进步。但同时需要教师和学生共同努力应对智能评价带来的挑战，确保评价的准确性和有效性。

2. 促进学生参与和互动

数字时代的评价方式可以更好地促进学生的参与和互动。与传统的评价方式相比，其特点在于多样化和互动性。在传统的评价方式中，学生提交作业后，教师进行评价，这是一种单向的评价方式。数字时代技术赋能的评价可以实现双向或多向性，通过在线讨论、协作编辑和互动平台等方式，学生之间可以进行合作和交流，从而鼓励他们更加积极地参与学习。学生可以在平台上互相评价和讨论彼此的翻译作品，这样可以促进他们之间的学习和借鉴。通过与其他学生的互动，学生可以了解不同的翻译方法和风格，从而拓宽自己的视野，提高翻译能力。这种互动性的评价方法不仅可以帮助学生发现自己的不足之处，还可以激发他们的学习兴趣，提高他们的自信心。此外，学生通过在线讨论和协作编辑来共同完成翻译项目，这种合作方式实质上也是评价的过程，可以促进学生之间的团队合作和协调能力的发展。

综上所述，数字时代的评价方式实现多样化和互动性，可以更好地促进学生的参与和互动。它不仅可以鼓励学生之间的合作和交流，提高翻译能力，还可以培养学生的团队合作和协调能力。这种评价方法有助于学生全面发展，提高学习效果。

3.提供个性化的评价和反馈

在数字时代，评价和反馈可以更加个性化，以满足每个学生的学习需求和能力水平。以下列举数字时代提供个性化评价和反馈的几个方面的影响。其一，自适应评估。数字时代的评价工具可以根据学生的学习进展和表现自动调整评估内容和难度。通过分析学生的翻译答题情况和知识掌握程度，系统可以自动调整难度，提供适合学生水平的评估题目。这样，每个学生都可以接收到与其能力相匹配的评估，避免了过于简单或过于困难的评估。其二，个性化反馈。数字时代的评价工具可以根据学生的评估结果提供个性化的反馈。通过分析学生的译文，系统可以给出针对性的建议和指导，帮助学生纠正错误和提升学习效果。这样，学生可以根据自己的评估结果进行针对性的学习调整，提高学习效果。其三，学习路径定制。数字时代的评价工具可以根据学生的评估结果为其定制学习路径。通过分析学生的学习表现和需求，系统可以为每个学生提供个性化的学习计划和建议。这样，学生可以根据自己的学习需求和兴趣进行学习，提高学习效果和学习动力。

总的来说，数字时代通过智能化、数据化和科学化的手段，英语翻译课堂评价将实现全方位的数据采集和个性化的评价反馈，推动课堂评价走向智慧化。这将为学生提供更加精准和有效的学习指导，提高英语翻译教学的质量和效果。

4.实时记录学习过程和发展轨迹

在数字时代，教师可以通过数字化技术实时记录学生的学习过程和发展轨迹，这可以对课堂评价产生重要影响。传统的课堂评价主要依靠教师的主观判断和定期考试，这种方式过于局限，无法全面了解学生的学习进展和个体差异。数字化技术的应用使得教师能够通过在线学习平台、学习管理系统等工具实时记录学生的学习活动和表现。教师可以跟踪学生的学习进度、参与度、作业完成情况等多个方面的数据。通过这些数据，教师可以更全面地了解学生的学习需求和困难，及时提供个性化的指导和支持。例如，教师可以根据学生的翻译学习进度和表现，总结翻译中的共性问题，调整教学内容和节奏，以满足不同学生的学习需求。同时，教师可以通过收集和分析教学过程中的数据，逐渐建立起学生的学习者画像。学习者画像也为教师提供了评价学生学习成果的依据，使得评价更加客观、准确和全面。通过学习者画像，教师可以更好地理解和满足学生的学习需求，促进他们的全面发展。对学生来说，实时记录学习过程和发展轨迹的方式也带来了诸多好处。学生能够通过实时记录查看自己的学习进度和表现，了解自己的学习情况。这有助于学生对自己的学习进行自我评价，发现自己的不足并进行调整。另外，学生还可以根据自己的学习情况，主动寻求教师或同伴的帮助和指导，提高学习效率。

总之，实时记录学生的学习过程和发展轨迹的方式，可以增强英语翻译课堂评价的个性化和有效性。教师可以更好地了解学生的学习需求和困难，提供个性化的指导和支持。学生能够通过实时记录了解自己的学习情况，发现不足并进行调整，提高学习成效和自主学习能力。这种数字化的课堂评价方式为教育提供了新的可能性，有助于推动教学的改进和创新。

5. 提高评价的准确性和效率

数字时代的到来不仅使得英语翻译课堂评价的准确性得到了显著提升，还极大地提高了评价的效率。其一，数据驱动评价。通过智能技术的应用，评价数据的识别、采集、储存、分析、反馈和应用等环节将得到极大的改善，传统的英语翻译课堂评价将迎来智能化、数据化和科学化的发展。通过对这些翻译课堂教学数据进行深入分析，可以获得更全面、客观和准确的评价结果。教师不仅可以收集学生在线上线下进行翻译学习的数据（包括翻译作业、翻译测验、学习日志、课堂讨论与演示等），还可以获取学生的行为数据、情感数据、心理/生理数据等。这种全方位的数据采集，使得英语翻译课堂教学评价从传统的显性化终结性评价走向了更加隐性化、智能化的过程性及综合性评价。其二，智能技术的应用将为英语翻译课堂评价带来更加精准的分析和反馈。通过智能算法的运用，评价数据可以进行深度挖掘和分析，从而揭示学生的学习特点、问题和潜力。同时，智能技术可以根据学生的个性化需求和学习进度，提供个性化的学习建议和反馈，帮助学生更好地改进学习策略和提升翻译能力。其三，智能技术的应用将促进英语翻译课堂评价的科学化和标准化。通过智能技术的支持，评价过程可以更加客观、公正和可靠。智能算法可以基于大数据和先进的评价模型，为评价结果提供科学的依据，避免主观偏见和不准确的评价，帮助教师更准确地评估学生的翻译能力。另外，智能技术还可以将评价结果与标准化评价体系相结合，形成统一的评价标准和指标体系，提高评价的可比性和可重复性。其四，传统的评价方式通常需要教师花费大量时间和精力进行评价和反馈，而数字技术可以自动化部分评价过程，节省教师的时间和精力，提高评价的效率。其五，数字时代的社交媒体和在线平台使得众包评价成为可能。通过邀请教师、同行业专家、客户等参与评价，可以获得更多样化和全面的意见。众包评价不仅可以提高英语翻译课堂评价的准确性，还可以增加英语翻译课堂评价的可信度和代表性。

综上所述，数字时代智能技术的应用将为英语翻译课堂评价带来全新的变革。通过智能技术的应用，评价数据的获取、分析和反馈将更加全面、准确和个性化。同时，智能技术的应用将促进评价的科学化和标准化，为英语翻译课堂评价提供更加客观、公正和可靠的依据。这将推动英语翻译课堂评价体系向智能化、数据化和科学化的方向发展，形成智慧教学评价体系。

三、数字时代对英语翻译课堂评价的挑战与应对

（一）技术工具的局限性

随着人工智能技术的不断发展，机器翻译、CAT 工具等技术工具的质量正在逐渐提高。虽然目前的机器翻译等技术工具可以处理一些简单的句子和常见的翻译任务，但在处理复杂的语言结构、文化差异和语义表达等方面仍然存在一定的挑战。首先，机器翻译等技术工具往往无法正确理解句子的语义和上下文信息。这导致了一些常见的翻译错误，如词语的歧义性、语法结构的错误以及文化背景的误解。这些错误不仅会影响翻译的准确性，还可能导致误导和误解。其次，机器翻译等技术工具在处理特定领域的翻译任务时表现不佳。由于不同领域的术语和专业知识的存在，机器翻译等技术工具往往无法准确理解和翻译这些专业术语和上下文信息。这使得在特定领域的翻译任务中，机器翻译的质量大打折扣。再次，机器翻译等技术工具还存在着文化背景的差异性。由于不同国家和地区的文化差异，同一句话在不同语言

中可能有不同的表达方式。机器翻译系统往往无法准确理解和传达这些文化差异，导致翻译结果的不准确性和不自然性。更值得注意的是，当学生过度依赖机器翻译时，他们会忽略语言能力的培养。他们可能会直接将待翻译的文本输入机器翻译工具中，而不去思考如何用目标语言表达。这样做可能会导致他们的语言能力停滞不前，无法真正理解和运用目标语言。最后，机器翻译等技术工具的过度使用使得传统的翻译评价方法无法准确评估学生的翻译能力。

因此，在使用机器翻译等技术工具进行翻译或辅助评价的同时，我们应该保持清醒的头脑，理性对待翻译的结果，采用"机器翻译+译后编辑"的形式，进行必要的人工修正和润色。同时，我们要鼓励学生在学习语言的过程中注重语言能力的培养，不要过度依赖机器翻译工具。只有通过不断的学习和实践，才能真正掌握一门语言，实现真正的跨文化交流和理解。总之，机器翻译等技术工具的发展为翻译行业带来了巨大的变革和机遇。虽然存在一些挑战和问题，但只要我们正确使用和评估这些技术工具，结合人工翻译的优势，相信机器翻译就会在未来的发展中发挥越来越重要的作用。

（二）教学资源的可靠性问题

数字时代的英语翻译课堂面临着海量的信息和资源，为学生提供了前所未有的便利。然而，与此同时，我们也面临着一个严峻的问题：教学中网络资源的真实性与准确性。首先，网络资源的可靠性问题主要在于信息的来源。互联网上的信息源繁多，有些甚至没有经过严格的审核和验证。这就意味着，学生在搜索翻译资料时，可能会遇到大量的虚假或不准确的信息。如果学生没有足够的判断力，就很容易将错误的信息作为参考，从而导致翻译错误。其次，网络资源的真实性问题与信息的更新和可靠性有关。由于互联网的快速发展，信息的更新速度也非常快。然而，有些网站可能不会及时更新信息，导致学生使用过时的翻译资料。

针对这些问题，我们需要采取一些措施来提高教学资源的可靠性。首先，教师应该加强对网络资源的筛选和审核，确保提供给学生的资源真实可靠。其次，教师应在教学过程中注重培养学生的信息素养，提高学生的信息获取和处理能力，以便在翻译过程中快速获取所需信息，并进行筛选和整理。在课堂评价中可以设置信息搜索和整理的任务，要求学生使用适当的搜索引擎和数据库，找到相关的翻译资源，并进行整理和归纳。评价时可以考察学生的信息获取和处理的能力，以及他们在翻译过程中的准确性和效率。再次，学生需要提高自身的批判性思维，学会辨别可靠的资源和不可靠的资源。他们应该学会使用权威的学术数据库和在线图书馆，以获取可靠的翻译资料。最后，学生可以通过参加翻译培训课程或与资深翻译人员交流，提高自己的翻译能力和判断力。

（三）评价方式的公正性

评价方式的公正性是数字时代对英语翻译课堂评价的挑战之一。具体来说，主要涉及自动评分系统的主观性和翻译作品在线评价的可信度。首先，英语翻译课堂评价中采用的自动评分系统虽然会基于一些规则或算法来对翻译作品进行评分，但这些规则或算法往往是由人工设定的。由于不同的评分标准和偏好，不同的自动评分系统可能会对同一篇翻译作品给出不同的评分结果。这种主观性可能会导致评价结果的不公正性，使得学生难以准确了解自己的翻译水平和进步方向。为了解决这个问题，可以采取多种评价方式相结合的方法，如人工评分和自动评分相结合，或者引入多个自动评分系统，以减少主观性的影响，提高评价的公正性。其次，翻译作品在线评价的可信度也是评价方式公正性的一个重要问题。在数字时代，学生的翻译作品往往会通过在线平台进行评价和反馈。然而，由于匿名性和互联网的开放性，这种评价往往存在着可信度的问题。一些评价者可能没有足够的专业知识和经验来进行准确的评价或者可能会故意进行恶意评价。这种情况下，学生很难从评价中获得有价值的反馈和指导。为了提高评价的可信度，可以采取一些措施，如限制评价者的身份和资质、设立评价标准和指导方针等，以确保评价的客观性和准确性。

综上所述，数字时代对英语翻译课堂评价方式带来了一些挑战，其中包括自动评分系统的主观性和翻译作品在线评价的可信度。为了提高评价的公正性，我们可以采取多种评价方式相结合的方法，并采取一些措施来确保评价的客观性和准确性。只有这样，我们才能更好地评价学生的翻译水平和进步方向，为他们提供有针对性的指导和支持。

第四章 数字时代英语翻译教学模式创新

随着数字时代的到来,传统英语翻译教学模式也面临着新的挑战和机遇。为了满足学生对数字化学习方式的需求,教学模式急需进行创新和改革。在数字时代下,教师可以利用各种数字化工具和平台,如在线翻译软件、虚拟语境模拟、网络互动平台等,为学生提供更加丰富、多元的学习体验。同时,教师应该注重培养学生的翻译能力和数字素养,引导学生掌握数字化翻译技能和方法,提高学生的翻译水平和竞争力。因此,数字时代下的英语翻译教学模式创新是必然趋势,也是教育改革的重要方向。本章重点探讨数字时代英语翻译教学方法的创新与策略优化,提出探究式翻译教学模式和数智化转型翻译教学模式,并对其教学设计与实施做出详细展示。

第一节 数字时代英语翻译教学方法创新与策略优化

一、数字时代对传统英语翻译教学模式的挑战

(一)传统英语翻译教学模式的局限性

1. 翻译多场景训练不足

传统英语翻译教学通常侧重理论知识的传授,缺乏对实际翻译案例的深入分析和多样化实践场景的训练。学生往往只接触到教材中的简单例句,无法学习到处理复杂翻译问题的实际技巧和策略。教学中主要采用纸质化材料和 PPT 课件作为教学工具,学生在学习过程往往依赖于视觉和听觉,缺乏多

模态和立体化的翻译教学，这导致学生的翻译学习出现了"学用分离"现象，学生无法真正应对真实世界中的多种翻译场景。翻译学习过程缺乏活动性、探究性、交互性和沉浸感，对学生的知识体系构建、翻译场景熟悉和翻译能力实践等方面产生了较大的影响。例如，在医学翻译教学中，由于缺乏相关数字技术呈现立体化场景，学生在学习过程中无法真正去体验医学术语相关的表达，涉及人体构造、医疗设备和技术、医药产品等方面的翻译场景只能停留于想象，缺乏学习体验感，不利于学生对专业领域的翻译知识构建。

2. 师生或学生之间的互动不够

传统英语翻译教学模式存在师生或学生之间互动不够主要有以下原因：

（1）课堂结构。传统英语翻译教学通常采用一种单向传递知识的方式，即教师讲解知识、学生被动听讲。这种结构限制了学生与教师之间的互动机会，导致学生缺乏参与感和积极性。

（2）时间限制。在传统教学模式中，教师通常需要在有限的时间内完成教学内容，因此很难为每个学生提供充分的互动机会。这可能导致一些学生被忽视，而无法积极参与讨论或提问。

（3）学生数量。传统英语翻译教学通常在大班级中进行，学生人数众多，这使得教师难以与每个学生进行个别互动。在这种情况下，教师可能更倾向采用一对多的教学方法，而忽视个别学生的需求。

（4）现代技术使用程度。虽然目前腾讯课堂、腾讯会议、超星学习通、钉钉等网络平台被广泛使用，但大多数教师仅限于使用屏幕共享功能来展示课件，辅助进行在线直播教学，仍以讲授知识为主。教师们很少将SDL Trados Studio、YiCAT、MemoQ等计算机辅助翻译工具融入翻译教学中，使用的教学手段和方法流于表面形式的先进，忽视恰当使用计算机辅助翻译工具进行翻译教学。这种"重形式、轻实践"的教学形式在英语翻译课堂教学过程中限制了教师与学生之间的互动交流，生生之间的翻译协同合作明显不够深入。

（5）评估方式。传统英语翻译教学模式往往侧重于考试和作业的评估，这可能导致学生只关注于获取高分，而不是真正理解和运用所学的知识。这种评估方式可能减少学生与教师之间的互动，因为学生更关注满足考试要求而不是主动提问和讨论。

3. 教学数据的联通性不强

传统英语翻译教学中存在着教学数据和教学管理数据分离的问题,这意味着教学数据无法互通共享,导致多模态数据的合理利用受到限制。首先,翻译类课程之间的教学数据无法实现互通共享,不利于专业课程体系建设和学科构建。学生往往需要在不同的在线教学平台之间来回切换,以获取所需的信息和资源,这不仅浪费了他们宝贵的时间和精力,也使得他们很难将各门课程的知识有机地连接起来。其次,师生在教学过程中产生的相关资料,如课件、音频、视频和参考资料,无法及时进行共享。学生在课堂上的表现数据,如小组讨论、课堂展示、参与回答等,以及课后作业和翻译实践平台的数据之间也很难实现融通和应用。更值得一提的是,很多智慧教室安装了先进的教学平台来存储课堂教学数据却沦为摆设。这种数据孤立现象对英语翻译教学的发展是一个巨大的障碍。由于缺乏数据联通,教师既无法获得全面清晰的学习者画像,也无法根据学生的表现进行针对性的知识推送和学习指导。在教学模式、教学方法、教学内容等方面缺少科学全面的调整依据,不利于教学的改进工作和教学效果的提升。最后,大多数高校的教务系统和在线教学平台之间的联系非常有限,它们通常只是单独地用于课程管理、成绩上传和课程资料保存,缺乏强大的课程知识挖掘和融合工具,因此,它们既无法有效地帮助学生构建翻译学科知识图谱,也无法提高学生的学习效率。

4. 教学评价方式单一

传统英语翻译教学评价方式单一,难以对学生多维度的综合素质进行真实评价,在一定程度上阻碍了英语翻译教学评价的创新发展。主要体现在以下几方面:

(1)目前,国内大多数英语翻译课程教学评价模式仍以期末试卷考核为主,占总成绩的 40%~60%,无论是线上还是线下,试卷内容大部分来自教材,这种测试方式无法准确考察学生的翻译能力。另外,测试重点也与翻译人才市场的需求相距甚远,无法满足现在社会经济和文化发展对翻译人才的需求。对学生的平时成绩而言,通常以出勤和作业为依据。

(2)传统英语翻译教学往往注重评价学生的翻译成果,而忽视了学生在翻译过程中的思考、分析和决策过程。评价过于关注翻译结果的准确性和流畅性,而忽略了学生在翻译过程中的创造性和个性化表达。

（3）传统英语翻译教学对翻译成果的评价偏重于机械准确性，即对翻译的语法、词汇和句子结构的准确性进行评价，这种方式忽略了翻译的语用和语境因素，以及学生对原文的理解和表达的灵活性。

（4）传统英语翻译教学评价方式往往缺乏个性化评价，无法针对学生的不同特点和需求进行有针对性的评价。每个学生在翻译过程中都有自己的风格和特点，评价方式单一无法充分体现学生的个性和潜力。

（二）传统英语翻译教学模式在数字化时代的不适应性

传统英语翻译教学模式在数字化时代表现出一些不适应性，以下是几个主要原因：

1. 技术工具的快速发展。数字化时代涌现了许多翻译技术工具，如机器翻译、术语库、语料库等。然而，传统英语翻译教学模式通常没有充分整合这些工具，导致学生缺乏对这些工具的实际操作经验和技能。

2. 实践性不足。传统英语翻译教学模式注重理论知识的传授，但在数字化时代，学生需要更多的实践机会来应对实际翻译任务。传统模式往往缺乏实际案例和实践环节，无法提供学生与真实翻译场景接触的机会。

3. 知识更新速度。数字化时代信息爆炸，各行各业都在快速发展。传统英语翻译教学模式的教材和内容往往无法及时跟上最新的翻译需求和行业发展，导致学生的知识和技能与实际需求脱节。

4. 跨学科知识的需求。数字化时代的翻译工作常常需要与其他领域的知识相结合，如科技、医学、法律等。然而，传统英语翻译教学模式通常只注重语言和文化方面的教学，缺乏对其他领域知识的培养，从而限制了学生在数字化时代的翻译应用能力和跨学科思维。

5. 自主学习和合作能力的培养。数字化时代的翻译工作对学生的自主学习和合作能力提出了更高的要求。传统英语翻译教学模式通常以教师为中心，学生被动接受知识，缺乏自主学习和合作的机会，无法培养其适应数字化时代的工作方式。

6. 数据驱动翻译的需求。大数据和人工智能技术的应用使得数据驱动的翻译变得更加重要，数字化时代的翻译工作越来越依赖大规模语料库和数据分析。传统英语翻译教学模式没有充分培养学生的数据分析和处理能力，使他们难以适应数据驱动的翻译需求。

综上所述，传统英语翻译教学模式在数字化时代的不适应性主要表现在对技术工具的缺乏关注、实践性不足、赶不上知识更新速度、对跨学科知识的限制、对自主学习和合作能力的忽视以及对数据驱动翻译的忽略等方面。为了适应数字化时代的翻译需求，翻译教学需要与科技、跨学科知识和自主学习等方面相结合，注重培养学生的技术应用能力、自主学习和合作能力、协同工作能力和数据驱动翻译能力。

（三）数字时代学生需求和期望的变化

数字时代的学生大多属于数字原生代（Digital Native）。数字原生代是指在数字技术普及的环境中成长起来的一代人，他们与数字技术密不可分，对数字化的世界具有独特的学习特点、需求和期望。他们具有以下学习特点：

1. 数字化思维和数字技术的熟练运用。数字原生代具备数字化思维，能够快速理解和适应新的数字工具和技术，包括智能手机、平板电脑、社交媒体、搜索引擎等，他们习惯通过网络搜索、在线协作和信息获取来解决问题。

2. 多任务处理能力。数字原生代经常同时处理多个数字设备和应用程序，他们习惯在多个屏幕和平台上进行多任务操作，这使他们具备了更高的信息处理能力和较强的多任务处理能力，如他们可以在电脑上写作业的同时还能收发电子邮件、浏览网页或者聊天，而不感到困扰。他们习惯快速切换注意力，适应信息爆炸时代的需求。

3. 网络社交的广泛应用。数字原生代倾向使用社交媒体和在线平台来与朋友、家人和同伴保持联系。他们更容易接受和适应虚拟社交的方式，如通过即时消息、视频通话和社交网络来进行交流。

4. 自主学习和可视化学习。数字原生代更加倾向自主学习，通过在线资源、社交媒体和网络课程来获取知识。他们能够利用数字工具和技术进行自主学习，提高学习效率和灵活性。此外，他们更喜欢通过视觉和互动方式进行学习，习惯使用图像、视频和模拟等多媒体资源来加深对知识的理解和记忆。

5. 对信息的快速获取和筛选能力。数字原生代习惯使用搜索引擎来获取所需的信息，并能够快速筛选和评估信息的可靠性。他们更加注重信息的实用性和即时性，但也需要培养对信息的批判性思维和判断能力。

总体来说，数字原生代具有数字化思维和对数字技术的熟练运用、多任务处理能力、网络社交、自主学习和可视化学习以及信息获取和筛选能力。这些特点使他们在数字化时代学习中更加适应和灵活，并能够充分利用数字技术带来的便利和机遇。相应地，数字原生代在翻译学习中的需求和期望也发生了变化：

1. 个性化学习。数字原生代希望能够根据自身的兴趣和学习风格来定制学习内容和方式。他们需要个性化的学习路径和资源，以满足不同的学习需求和节奏。

2. 实践与应用导向。数字原生代更加注重学习的实践性和应用性。他们渴望能够将所学知识应用于实际生活中，解决现实问题和面对挑战。

3. 即时反馈。数字原生代对即时反馈有很高的期望。他们期望能够通过在线测试、自动评估和实时互动等方式，及时了解自己的学习进展和问题，以便及时调整学习策略。

4. 灵活学习环境。数字原生代期望能够在灵活的学习环境中学习，包括在线学习平台、虚拟实境和移动设备等。他们希望能够随时随地进行学习，并且能够自由选择学习资源和时间。

5. 协作与社交学习。数字原生代重视协作与社交学习。他们期望能够积极参与学习过程中的互动，通过在线课程、远程教育等方式与全世界的学习者进行交流和合作，拓宽自身的视野和交际圈，分享知识和经验，以促进学习效果。

6. 科技支持和创新。数字原生代期望学习过程中能够充分利用科技支持和创新，包括虚拟现实、人工智能等技术，以提供更丰富、互动和创新的学习方式。

7. 技术支持与安全保障。数字原生代期望能够得到良好的技术支持和安全保障。他们希望学习平台和工具能够稳定可靠，同时保护个人隐私和数据安全。

二、数字时代英语翻译教学方法的创新

基于数字时代对传统翻译教学模式的挑战，我们需要对英语翻译教学模式进行有效创新。数字时代的英语翻译教学方法的创新包括引入在线平台和工具提升学生的翻译能力，利用虚拟现实和增强现实技术以提供具身化、超时空交互的沉浸式翻译教学环境，以及数据驱动翻译学习，形成翻译训练场景数据化、工作岗位翻译核心能力专业化为特征的数字化学习场景。通过教学方法的创新，数字时代的英语翻译教学模式可以更加灵活、个性化和互动化，为学生提供更丰富的学习资源和学习机会，培养学生的实践能力、团队合作能力和数字素养，帮助他们更好地掌握翻译技能并在数字时代背景下快速适应翻译行业的需求。

（一）引入在线平台和工具

借助互联网和在线教育平台，将翻译教学延伸到全球范围。教师们可以通过在线平台提供丰富多样的翻译课程内容、教学资源和作业，而学生们则能够随时随地通过网络学习并上传翻译任务，获得即时反馈。在线平台可以提供交互式学习工具，如在线词典、术语库和机器翻译引擎，以助学生更好地理解和应用翻译知识。这种模式打破了地域限制，让更多的学生得以接触到高质量的翻译教育资源。通过在线协作平台、远程会议和项目管理工具，可以为学生提供远程实习和实践机会。学生们能够与其他同学或专业翻译人员合作完成翻译项目，进行实时交流和合作，共同营造一个协作学习环境。这种方式可以促进学生之间的互动和知识共享，提高了翻译质量，激发了学生的学习动力和专业发展。在数字时代，我们拥有丰富的语料库和机器翻译技术，这些资源能够帮助学生进行术语查找、语言模型训练等。学生们可以充分利用这些资源进行自主学习和实践，从而不断提升自己的翻译技能。这种数字化的学习方式为学生们提供了更广阔的学习空间，使他们能够更加高效地掌握翻译技巧。

总之，互联网和在线教育平台为英语翻译教学带来了巨大的变革。通过全球化的教学模式、协作学习环境以及丰富的学习资源，学生们能够在这个数字时代充分发挥自己的潜能，成为优秀的英语翻译人才。

(二)利用虚拟现实和增强现实技术

虚拟现实和增强现实技术在英语翻译教学中的应用具有许多潜在优势。首先,虚拟现实可以提供沉浸式的学习体验,使学生能够身临其境地感受到不同语言环境中的实际情境。通过模拟真实场景,学生可以更好地理解语言的应用和文化背景,从而提高翻译的准确性和流畅度。其次,虚拟现实可以为学生提供实时的语言交流和互动机会。学生可以通过虚拟现实平台与模拟的语言环境中的虚拟角色进行对话,从而锻炼口语表达和听力理解能力。这种实时互动的方式可以使学生更加自信地应对真实的翻译任务,并在一个安全的环境中纠正错误和改进技巧。再次,虚拟现实和增强现实技术还可以提供个性化的学习路径和反馈机制。通过分析学生在虚拟环境中的表现,系统可以根据学生的需求和水平提供定制化的教学内容和挑战。学生可以在虚拟现实中进行反复练习和模拟任务,获得即时的反馈和指导,从而加强他们的翻译技能和自主学习能力。最后,虚拟现实和增强现实还可以扩展翻译教学的范围和深度。通过虚拟现实和增强现实技术,学生可以接触到各种不同领域和专业的翻译任务,如医学、法律、技术等。他们可以在虚拟环境中模拟真实的翻译场景,并学习相关的专业知识和术语。这种多样化和实践导向的学习方式可以培养学生的综合能力和适应能力,使他们更好地应对复杂的翻译挑战。

总之,虚拟现实和增强现实技术在英语翻译教学中的应用可以提供沉浸式的学习体验、实时的语言交流和互动、个性化的学习路径和反馈,以及拓展翻译教学的范围和深度。这些优势将有助于学生提高翻译技能和自主学习能力,为他们未来的翻译工作做好准备。

(三)数据驱动翻译教学

通过数据驱动翻译教学,有助于实现数字时代英语翻译教学模式的创新。第一,数字化技术使得大量的语言数据得以收集和存储,包括平行语料库、多语语料库、专业术语库等,这为英语翻译教学提供了丰富的资源。学生可以通过访问在线翻译平台或使用机器翻译工具,获取实时的翻译结果和反馈,从而加速学习进程。第二,数据驱动的英语翻译学习利用机器学习和人工智能技术，通过分析大量的语言数据，提供个性化的学习路径和教学内容。学生可以根据自身的水平和需求，选择适合的翻译学习资源和测试，进行自主学习。第三，机器学习算法可以根据学生的表现和反馈，自动调整学习计划，提供有针对性的指导和建议，帮助其快速提高翻译能力。第四，通过充分利用数据赋能，可以实现翻译教学评价的精准化、个性化和多元化。在数字化教学平台的支持下，我们能够准确记录学生的学习轨迹，包括翻译错误的类型、教师和同伴的点评修改以及机器评分，从而形成一个全面的翻译学习电子档案袋。通过深入挖掘这些数据，有助于建立可视化的学习者画像，使教师能够根据学生的个体差异来制定教学策略，实现因材施教、以学定教、以评促教的目标。第五，我们需要逐渐将教学评价从单一的评价方式转变为多元化的评价方式，这包括项目作业、口头报告、小组合作和实践实习等多种评价方法和工具的综合运用。这样的评价方式能够更全面地反映学生的学习能力、思维能力、创造力和合作精神等方面的发展情况。

综上所述，数字时代的数据驱动翻译教学为英语翻译教学模式带来了创新。通过丰富的语言数据资源、个性化的学习路径和教学内容，以及英语翻译教学评价的全面升级，学生可以更高效地提升翻译能力，获得更加个性化和优质的学习体验。

三、数字时代英语翻译教学策略的优化

数字时代英语翻译教学策略的优化有赖于教师促进学生的个性化学习和自主学习，改进反馈和评价机制以及提高师生的数字素养与能力。在数字时代，教师首先可以通过将生成式人工智能工具引入到英语翻译教学，引导学生进行自主学习，激发学生的学习兴趣和主动性，构建开放、自由、连接、共享的教学体系。学生可以根据自己的兴趣和学习风格，选择适合自己的学习资源和学习方式。其次，优化英语翻译教学策略需要改进反馈和评价机制。传统的英语翻译教学往往只注重学生的翻译成果，忽视了学生在翻译过程中的思维和策略。数字时代的教学可以通过利用各种技术工具，实时跟踪学生的翻译过程，并提供及时的反馈和评价。通过采用多样化的评估方法和标准，更全面地评估他们的翻译能力和学习成果。再次，提高师生的数字素养与能力也是优化英语翻译教学策略的重要方面。教师只有掌握数字工具和智能技

术，才能充分利用数字技术的优势，提升自身的导学能力、开发教学资源的能力以及分析教育数据等能力，并更好地将工作重心转移到学生能力培养、素养培育和人格塑造方面。最后，学生需要具备一定的数字素养，能够熟练地使用各种数字工具和技术进行学习和翻译。只有教师和学生都具备了数字素养与能力，才能更好地适应数字时代的英语翻译教学需求，实现教学的优化和提升。

（一）促进个性化学习和自主学习

数字时代的英语翻译教学需要充分利用数智化技术带来的优势。革命性的智能工具激发了学生的学习动机和潜能，同时促进了人机协作的学习共同体的形成。这种开放、自由、连接、共享的教学体系，为英语翻译教学的个性化学习和自主学习都提供了更高水平的实现条件，因此，教师应充分重视在英语翻译教学的过程中利用数智技术来促进学生的个性化学习和自主学习。

在数字时代，教师可以通过将生成式人工智能工具引入英语翻译教学中，从而为全过程个性化学习提供有力的支持和保障。首先，生成式人工智能工具能够根据学生的学习需求快速生成不同阶段的学习材料，以促进学生更好地在课前、课中和课后阶段完成相应的翻译学习。其次，生成式人工智能工具支持学习互动，促进持续性的对话交流，学生有了自己的智能助教和学习导师，可以进一步提升学习的积极性。再次，通过全过程陪伴学生，了解学生的多方面特征，生成式人工智能工具能够提升内容生成水平，满足学生个性化的学习需求。最后，系统支持基于能力的自主学习，允许学生设置目标能力水平，并提供反馈和建议来帮助学生提升能力。生成式人工智能工具在英语翻译教学中的应用为学生提供了一个个性化、科学化和高效化的学习环境。通过持续监督和管理学习活动并提供适时的提示和建议，这些智能工具不仅能够激发学生的学习动力，帮助他们更好地掌握翻译策略和技巧，提高自身的翻译能力，而且能够促进学生之间的合作和互动，提高他们的思维能力和创造力。

具体而言，翻译学习的个性化可以体现在学习主题的选择、学习材料的提供、学习体验的提升和学习表现的评估等多个方面。其一，在学习主题的选择上，智能工具能够通过深入分析学习目标，生成多个备选翻译学习的主题。根据学生的知识背景和学习能力，智能工具能够判断不同的翻译学习主题对学生的难易程度，帮助学生选择匹配的翻译学习主题。其二，在学习材料的提供上，智能工具通过与学生的多轮对话，能够发掘具体的翻译学习情景和任务要求，生成多模态的学习材料，包括图像、视频和音频等。其三，在学习体验的提升上，智能工具能够为学生提供沉浸式的学习环境和持续性的学习追踪服务，通过实时分析和反馈，学生可以不断调整学习策略和优化学习模式。其四，在学习表现的评估上，智能工具可以从多个角度对学生的学习表现进行量化评估，包括学习结果、行为表现和情感态度等方面。通过这些评估，我们可以更全面对学生的翻译能力做出准确评估。

此外，在数字时代的英语翻译教学中，教师还可以充分利用技术和数字化资源，通过个性化学习计划、多样化的教学资源、个性化的反馈和指导、合作学习和互动交流，以及培养学生的自主学习能力，来促进学生的个性化学习和自主学习。这样可以更好地满足学生的学习需求，提高他们的学习效果和学习动力。

（二）改进反馈和评价机制

数字时代的英语翻译教学可以通过改进反馈和评估机制来提高教学质量和学生学习效果。以下是详细阐述数字时代英语翻译教学如何改进反馈和评估的两个方面：

1.及时有效的学习者反馈机制

及时有效的学习者反馈机制是英语翻译教学中至关重要的组成部分。它提供了学生与教师之间的双向沟通渠道，以便评估学生的学习进展并提供个性化的指导。在数字时代，英语翻译教学可以通过以下方式来建立及时有效的学习者反馈机制，提高翻译教学的质量。

（1）借助智能教学平台和在线评估工具，教师可以为学生提供丰富多样的英语翻译类课程材料、练习题和翻译任务，而学生可以通过智能教学平台提交练习答案和译文，并利用在线评估工具进行自动评分和详细的反馈。学生根据评估结果了解自己的弱点和需要改进的方面，并相应地调整学习策略。这种个性化的反馈机制将帮助学生更加有针对性地提高自己的翻译能力。

（2）虚拟教室和讨论板等可以为师生、生生之间实时交流和讨论的平台。

通过这些互动的环境，学生可以向教师提问、寻求指导，并与同学分享资源和经验。这种互动不仅能够帮助学生获得及时的反馈和建议，还能够促进学生之间的合作和共同成长。

（3）教师可以利用视频和语音录制工具为学生提供个性化的反馈。通过录制视频或语音评论，教师可以更直接地指导学生，并对学生的表达和翻译技巧提供具体建议。同时，教师可以利用人工智能生成技术，打造"数字人/教师+翻译教学情景"的新型教学视频，实时为学生提供指导和反馈。这种形式的反馈不仅更加生动和有效，还能够激发学生的学习兴趣和动力。

（4）教师可以定期进行在线问卷调查，以了解学生对课程的反馈和建议。通过收集学生的意见和建议，教师可以及时调整教学内容和方法，以满足学生的需求和期望。这种反馈机制将帮助教师更好地与学生进行互动，提供更符合学生需求的教学内容。

2. 多样化的评估方法和标准

在快速发展的数字化和智能化社会中，简单的翻译知识传授和翻译技巧的学习已经不能满足社会对翻译人才的需要。翻译工作者需要具备适应社会发展需要的高阶能力和核心素养，以应对未来的复杂多变挑战。英语翻译教学的目标已经从单一的翻译知识传授转到翻译能力的全面发展。因此，英语翻译教学的评估方法和标准需要与时俱进，以适应不断变化的翻译需求和技术发展。

（1）基于技术的评估方法可以帮助学生更好地应对数字时代的英语翻译需求。例如，通过使用翻译软件和在线平台，学生可以进行实时的翻译实践和评估。这种评估方法可以帮助学生了解自己在技术应用方面的能力，并提供有针对性的改进建议，从而大力推动数据驱动的自动化、智能化、可视化评价。

（2）项目驱动的评估方法可以更全面地评估学生的翻译能力和学习成果。通过给学生提供真实的翻译项目，如合同翻译、技术手册翻译等，可以评估学生在实际工作环境中的表现。这种评估方法不仅可以考察学生的翻译技巧，还可以评估他们的组织能力、沟通能力和解决问题的能力，同时培养学生的合作精神，并提高他们的团队合作能力。

（3）教师可以鼓励学生进行自我评估，并通过同行评估的方式互相学习和提供反馈。这种评估方法可以培养学生的自我反思和批判性思维能力，同时可以促进学生之间的学习互动和合作。

（4）多样化的评估标准是数字时代英语翻译教学的重要组成部分。除了传统的语言准确性和流利度，还应考虑学生在信息搜索和处理、跨文化交际、多媒体翻译等方面的能力。这些标准的引入可以更全面地评估学生的综合翻译能力，促进他们在数字时代的翻译实践中的成长和发展。

综上所述，数字时代的英语翻译教学需要采用多样化的评估方法和标准。这不仅可以帮助学生适应数字时代的翻译需求，还可以更全面地评估他们的翻译能力和学习成果。通过引入基于技术的评估方法、项目驱动的评估方法、自我评估和同行评估和多样化的评估标准，我们可以培养出适应数字时代的高素质翻译人才。

（三）提高数字素养与能力

数字技术为英语翻译教学带来了新的可能性和挑战。利用数字技术，优化英语翻译教学策略可以帮助教师更好地提升教学效果，而提高师生的数字素养则是实现这一目标的关键。

首先，借助数字技术提供更丰富、多样化的教学资源和工具。教师可以利用互联网上的教学资源，如教学视频、在线课程和教育应用程序，来支持课堂教学和学生自主学习。通过数字技术，教师可以设计交互式的教学活动，激发学生的学习兴趣和参与度。只有教师具备一定的数字素养，才能充分利用数字技术的优势。

数字时代给教师提供了许多机会来提高他们的数字素养和能力。例如，教师可以通过学习人工智能的相关课程以帮助他们掌握人工智能的基本原理和技术应用。具体而言，教师可以学习人工智能的基本概念、算法和技术，包括机器学习、深度学习、自然语言处理等。这将帮助他们理解人工智能的工作原理和应用场景。通过学习数据科学和分析，教师可以掌握如何收集、清洗和分析教育数据。他们可以利用这些技能来评估学生的学习进展、发现学生的学习需求，并提供个性化的学习支持。同时，教师可以学习如何利用人工智能技术来提升他们的导学能力和教学效果，包括使用自然语言处理技术来开发智能教学助手，或者如何使用机器学习算法来预测学生的学习成绩。

另外，教师还可以通过学习如何使用人工智能技术来开发教学资源和工具，包括如何利用机器学习算法来个性化地推荐学习材料，或者如何使用深度学习技术来构建虚拟实验室等。通过提高自身的数字素养和能力，教师可以提升他们的导学能力、开发教学资源的能力以及分析教育数据等能力。这将使他们能够更好地满足学生的学习需求，并提供更有效的教学支持，同时可以更好地促进教师将工作重心转移到学生能力培养、素养培育、心理辅导和人格塑造方面。

其次，学生需要提高数字素养与能力。学生应该熟悉各种翻译工具和软件的使用，如机器翻译系统、术语管理工具和语料库等。他们需要了解这些工具的功能和优势，并学会有效地利用它们来提高翻译效率和准确性。学生应该学习基本的计算机技能，如文件管理、数据分析和网络搜索等。这些技能将帮助他们更好地处理和处理翻译任务中的数字信息。同时，学生需要培养信息筛选和评估的能力，以便从海量的数字资源中获取准确、可靠的信息，并将其应用于翻译实践中。另外，学生还可以通过积极参与数字化学习社区和专业网络，与其他翻译从业者进行交流和合作，分享经验和资源，不断拓展自己的数字素养和能力。值得一提的是，学生应该了解数据安全的基本原则，做好数据安全和隐私保护，避免未经授权的访问和泄露。通过这些方法，学生将能够更好地适应数字时代的翻译需求，并提高他们的翻译质量和效率。

再次，教师和学生之间的互动也是关键。教师应该鼓励学生积极参与讨论和分享经验，通过互相交流和合作，共同提高数字翻译的能力。教师在这个过程中应该起到引导和激励的作用，激发学生的学习热情和创造力。同时，教师应该给予学生充分的指导和反馈，帮助他们发现问题并及时纠正。

最后，数字时代的英语翻译教学策略需要关注学生的实际需求和行业趋势。教师应该根据学生的专业方向和就业需求，设计相应的课程内容和教学活动。同时，教师应该关注翻译行业的发展动态，及时调整教学内容，确保教学与实际需求相符合。

总之，数字时代的英语翻译教学策略优化需要注重提高师生的数字素养与能力。通过加强教师和学生的数字化能力培养，促进教学和学习的互动，以及关注实际需求和行业动态，从而可以更好地适应数字时代的英语翻译教学需求，培养出更具竞争力的英语翻译人才。

第二节 探究式英语翻译教学模式

在数字时代的浪潮下，英语翻译教学的创新方法和教学策略的优化为英语翻译教学模式的改革提供了强有力的支持和推动力。通过对英语翻译教学方法的创新和教学策略的优化，英语翻译教学模式可以更加灵活、个性化和互动化，从而为学生提供更加丰富多样的学习体验。在本节中，我们将以学生探究、发现和解决问题为导向，构建探究式英语翻译教学模式，并详细展示其教学设计与实施过程。

一、探究式英语翻译教学模式的概念

探究式教学模式是一种以学生为中心的教学方法，强调学生的自主学习和自我发现，通过提供问题、情境等启发学生主动思考，探究新知识和解决问题的过程。探究式教学模式注重学生的实践操作和交流合作，强调学生的主体性和创造性，培养学生的探究精神和创新意识，提高学生的学习兴趣和学习效果。该教学模式适用于各学科各阶段的教学，被广泛应用于现代教育教学中。

探究式英语翻译教学模式是一种基于学生自主探究和发现的翻译教学方法。该教学模式的核心理念是将学生置于学习的主体地位，通过启发学生的思考和引导学生的探究，促进学生的自我发现和自我提高。

探究式英语翻译教学模式旨在通过让学生主动探究和发现知识，提高他们的英语翻译能力。这种教学模式强调学生的自主学习和自我发现，鼓励学生利用数字时代的各种资源和工具，积极参与学习过程。

在探究式英语翻译教学模式中，教师的角色不再是传统的知识传授者，而是更像一个引导者和促进者。教师根据学生的学习需求和兴趣，设计适合学生自主探究的教学活动，如小组讨论、翻译案例分析、翻译项目角色管理等。

通过提出问题、引导思考、促进讨论等方式，帮助学生发现问题、解决问题，从而掌握英语翻译的技能和方法。这种教学模式注重培养学生的批判性思维和创造性思维，鼓励学生在实践中不断尝试和探索，从而提高他们的英语翻译水平和数字素养。同时，教师应该在探究式英语翻译教学中提供必要的指导和反馈，帮助学生发现和纠正错误，促进学生的进一步提高。

总之，探究式英语翻译教学模式是一种富有活力和创新性的教学方法，适合在高校英语翻译教学中培养学生的自主学习和创新能力。

二、探究式英语翻译教学模式的理论基础

（一）语言习得理论

语言习得理论是指人类在自然环境下习得语言的过程。它认为，语言习得是一种自然的、无意识的、积极的、全面的、非语法化的过程。在这个过程中，语言学习者通过与他人的交互和社会化活动来获得语言知识和技能。

探究式英语翻译教学模式是一种基于语言习得理论的教学方法，即鼓励学生通过自己的探究和发现来获取翻译相关的知识。在这个过程中，学生需要与他人进行交互和社会化活动，通过与他人的合作来解决翻译实践中的问题和完成翻译任务。这与传统的语言教学模式不同，传统的语言教学模式注重教师对学生灌输相关的知识，而探究式英语翻译教学模式不仅注重语言知识和技能的传授，更注重学生的思维能力和解决问题的能力，其强调其语言学习者的主动性和自主性以及语言学习的社会性和交互性。

探究式英语翻译教学模式与语言习得理论中的"情境语言教学"相结合，即通过创设真实的语言环境和翻译情境来帮助学生更好地理解和掌握英语翻译知识和技能。在这种情境下，学生可以通过模拟真实的翻译场景来进行语言实践，从而更好地理解和掌握英语翻译知识和技能。

（二）建构主义理论

建构主义认为，学习是个体和社会之间的互动过程，知识是通过个体与周围环境的互动建构而成的，学习者通过与周围环境的互动和探究来建构自己的知识和理解。

探究式英语翻译教学模式强调学生的主动性和参与性，让学生通过翻译实践来发现和掌握知识。在探究式英语翻译教学模式中，学生通过探究、发现和解决问题来建构自己的知识和理解，而不是被动地接受教师传授的知识。教师不再是传授知识的唯一来源，而是充当引导者和学习者的角色，帮助学生通过提问和探究来发现和理解知识。另外，探究式英语翻译教学模式还强调学生在学习过程中的社会互动，学生需要与教师和同学合作，分享和交流自己的思考和理解，从而建构更深入、更全面的知识和理解。

（三）任务型教学理论

任务型教学理论的核心理念是"任务驱动"，即通过让学生完成真实的任务来促进学习。任务既可以是实际生活中需要完成的任务，也可以是教学设计者根据学生的语言水平和学习目标而设计的任务。这些任务通常涉及真实的语言环境和文化背景，从而使学生更容易理解和运用所学的语言知识。它强调学生在完成任务的过程中，通过实践和合作学习，积累知识和技能，提高语言运用能力。任务不仅是一种学习方式，也是一种评估方式。通过任务的设计和实施，可以评估学生的语言能力和实际应用能力。

探究式英语翻译教学模式符合"以任务为核心"的理念，通过学生的实践和合作学习，让学生通过英汉/汉英翻译任务来探究和发现知识，提高语言运用能力和实际应用能力。在探究式英语翻译教学中，任务型教学理论可以帮助学生更好地理解和掌握英语翻译的知识和技能。通过完成真实的翻译任务，学生可以了解翻译的实际应用场景和要求，掌握翻译技巧和策略，提高翻译的准确性和流畅度。同时，任务型教学可以帮助学生了解不同语言和文化背景之间的差异，提高跨文化交际能力。

（四）合作学习理论

合作学习理论认为，学习是一种社会活动，学生在合作中可以共同建构知识、解决问题、促进思维发展。在合作学习中，学生之间相互交流、协商、合作，共同完成任务，从而提高学习效果。合作学习理论强调学生的主体地位，注重学生的自主学习和自我评价，鼓励学生积极参与学习过程，培养学生的学习能力和合作能力。

探究式英语翻译教学模式强调学生之间的合作，让学生在翻译实践中相互交流、合作，共同完成翻译任务。在探究式英语翻译教学中，教师采用合作学习的方法，要求学生在小组中合作翻译。在翻译过程中，学生可以相互讨论、协商，共同解决翻译中遇到的难点和问题。这种合作学习的方式可以激发学生的学习兴趣，增强学生的合作能力和解决问题的能力，提高学生的翻译自我效能感。

综上所述，探究式英语翻译教学模式的理论基础主要包括语言习得理论、建构主义理论、任务型教学理论和合作学习理论。这些理论共同支撑了探究式英语翻译教学模式的设计和实践。

三、探究式英语翻译教学模式的特征

（一）探究式英语翻译教学模式的特点

探究式英语翻译教学模式是一种基于学生探究、发现和解决问题的教学模式，其特点包括以下几个方面：

首先，探究式英语翻译教学模式注重学生的主体性和自主性。学生在探究式教学中扮演主体角色，通过自主探究、发现和解决问题来实现翻译知识的获取和技能的提高。教师则充当指导者和引导者的角色，帮助学生掌握学习方法和技能，激发学生的学习兴趣和动力。

其次，探究式英语翻译教学模式注重学生的实践能力和创新能力。学生在探究式教学中通过实践操作和创新思维来解决问题，从而提高英语翻译的实际应用能力和创新能力。教师则通过组织实践活动和提供创新思维启发，帮助学生掌握实践技能和创新思维能力。

再次，探究式英语翻译教学模式注重学生的合作与交流能力。学生在探究式教学中通过合作探究和交流合作来解决问题，从而提高英语翻译的合作与交流能力。教师则通过组织合作活动和提供交流机会，帮助学生掌握合作技能和交流能力。

最后，探究式英语翻译教学模式注重学生的反思与评价能力。学生在探究式教学中通过反思自己的学习过程和成果来评价自己的学习效果，从而提高英语翻译的反思与评价能力。教师则通过提供反思和评价指导，帮助学生掌握反思与评价技能。

总之，探究式英语翻译教学模式通过注重学生的主体性、实践能力、合作与交流能力以及反思与评价能力，实现了翻译教学的有效性和高效性。

（二）探究式英语翻译教学模式与传统英语翻译教学模式的对比

探究式英语翻译教学模式与传统英语翻译教学模式在教学目标、教学方式、学习方法、课程设计、教学效果、师生角色和评价方式等方面存在较大的不同，如表4-1所示。探究式教学模式更注重学生的自主学习和探究，能够培养学生的实际应用能力和解决问题的能力，是一种更加适合现代教育的教学方法。

表4-1 探究式英语翻译教学模式与传统英语翻译教学模式的对比

对比角度	探究式英语翻译教学模式	传统英语翻译教学模式
教学目标	强调学生在翻译学习中自主探究，培养学生创新思维和解决问题的能力	强调教师传授知识，学生被动接受
教学方式	学生自主探究、合作学习、小组讨论、实验等	教师讲授、听课、笔记、作业等
学习方法	主动、自主、参与度高	被动、听讲、参与度低
课程设计	以问题为导向，开展探究性翻译学习活动	以知识点为中心，按照教学大纲进行讲授
学习效果	提高学生的翻译学习兴趣和动机，激发学生的学习热情，提高学生的翻译自我效能感	学生对知识的掌握程度较低，缺乏创新思维和解决问题的能力
教师角色	充当引导者和协助者，促进学生的自主学习和发展	充当知识传授者和管理者，掌握课堂主导权
学生角色	充当主体，积极参与课堂探究活动，主动学习	充当客体，被动接受教师的知识传授，缺乏主动性和创造性
评价方式	以学生的探究能力、创新思维、解决问题的能力为主要评价依据	以学生的考试成绩、作业完成情况等为主要评价依据

四、探究式英语翻译教学模式的设计与实施

（一）探究式英语翻译教学模式的设计原则和步骤

探究式英语翻译教学模式是一种基于学生自主探究和实践的教学模式，旨在培养学生的英汉/汉英翻译能力和语言运用能力。下面是探究式英语翻译教学模式的设计原则和步骤：

1. 设计原则

探究式英语翻译教学模式的设计原则主要包括以学生为主体、以实践为主导、以任务为导向、多元化教学和反馈式教学。

（1）以学生为主体。数字时代的学生更注重实用性和个性化，因此，探究式英语翻译教学应该基于学生的需求和兴趣，让学生在感兴趣和有需求的领域进行翻译探究。学生是学习的主体，教师应该尊重学生的个性和兴趣，以学生为中心，让学生参与到教学活动中来。同时，探究式英语翻译教学模式应该利用智能化教学分析平台记录学生的兴趣偏好、认知模型，提供个性化的教学方案和资源。例如，可以根据学生的英语水平和翻译能力，提供不同难度的翻译材料和练习，让学生在适合自己的水平上进行学习和实践。

（2）以实践为主导。翻译是一种实践性很强的语言活动，探究式英语翻译教学模式应该注重实践，让学生通过翻译实践来掌握翻译技巧和方法。通过互动式教学来激发学生的学习兴趣和积极性。例如，可以采用在线讨论、小组合作等方式，让学生在实践中学习和掌握翻译技能，同时可以促进学生之间的交流和合作。

（3）以任务为导向。探究式英语翻译教学模式应该以任务为导向，让学生在完成翻译实践任务的过程中，掌握翻译技能和方法，培养学生独立思考、合作探究的能力以及团队合作的精神。教师应充分利用数字化智能技术，创设翻译训练场景和翻译任务，通过虚实结合的方式完成沉浸式的任务学习，增强课堂的趣味性、互动性与活跃性，有效推动学生积极主动地进行知识探究和体系构建。

（4）多元化教学。探究式英语翻译教学模式应该提供数字时代多元化的教学资源和方式，让学生在不同的场景和情境中进行学习与实践，以满足学生的不同学习需求。例如，可以通过在线视频、游戏、模拟翻译等方式，让学生在趣味和互动中学习和实践翻译技能。通过借助5G/6G网络及交互技术（VR/AR/MR等）打造沉浸式、交互式翻译教学环境，为学生提供不同翻译场景中的沉浸感与临场感。利用数字孪生技术赋能学生实现"虚拟化身"（Avatar），使其具备与周围场景自由交互、瞬时协同与积极探索的能力，从而能够在超时空交互的翻译教学环境中实现沉浸式学习体验和具身社交。

（5）反馈式教学。数字时代的探究式英语翻译教学模式应该借助数据分析、机器学习等技术深度挖掘多模态数据,提供及时和有效的反馈,促进学生精准画像的生成。学生通过了解自己的学习进展和不足,调整学习策略和提高学习效果,实现教学评价反馈个性化、精准化及智能化。探究式英语翻译教学模式应该注重学生的反思和评价能力,让学生在英汉/汉英翻译探究的过程中反思自己的翻译过程和结果,并进行评价和改进。

2.设计步骤

探究式英语翻译教学模式的设计步骤主要包括确定教学目标、设计教学活动、提供资源支持、引导学生探究和评价学习效果。

(1)确定教学目标。根据学生的学习需要和实际情况,确定探究式英语翻译教学的具体目标和任务。依托数据赋能,教师"以学定教",实现翻译教学精准化和个性化。例如,教师可以通过在云教学平台发布教学要求,学生完成相应翻译任务产出,教师找出学生翻译训练中具有共性的典型问题,制定每一章节教学的焦点和目标。

(2)设计教学活动。根据教学目标,设计一系列探究式的翻译教学活动,如翻译实践、师生合作讨论、演示、模拟项目等,让学生参与到翻译教学活动中来。教师需要注意的是根据教学目标有针对性地点评学生的翻译任务,设定课堂上翻译任务点评的具体方案和标准,然后根据评价重点和难点设计探究性的翻译任务,帮助学生解决在翻译训练中出现的普遍性问题。

(3)提供资源支持。数字时代可以为学生提供更高质量的互联网资源和教育资源共享,帮助学生更好地学习和掌握翻译技能。例如,学生可以利用在线翻译工具、数字化文本、在线学习平台、语料库等来辅助自己完成探究性的翻译任务。另外,许多在线学习平台通常还提供在线讨论和交流的机会,让学生可以与其他学生和教师交流和分享学习经验。

(4)引导学生探究。数字时代的英语翻译教学中,引导学生进行探究需要充分利用数字技术带来的便利。例如,学生可以利用互联网资源探究翻译相关的话题,老师可以引导学生如何使用搜索引擎、翻译工具、在线语料库等资源,以及如何评估这些资源的可靠性。老师可以提供一些真实的翻译案例,让学生分析其中的问题和挑战,探究如何解决这些问题,这可以帮助学生了解实际翻译工作中的复杂性和需要解决的问题。教师引导学生进行翻译实践，通过实践来探究如何应对不同类型的翻译任务、如何解决翻译中的难点等问题，从而提高翻译综合能力。

（5）评价学习效果。探究式英语翻译教学模式应该以学生的探究能力、创新思维、解决问题的能力为主要评价依据，重视数字技术赋能，完善教学质量评价体系，建立能够全面评估学生的翻译数字能力评价标准和方法，包括对翻译技术、信息搜索、数据分析和处理等核心数字技能的考察。同时，要注意平衡数字化评价和人文素养的考量，遵循新文科建设的理念，注重培养学生的批判思维、系统思维以及历史、文化、人文等非数字多元素素养的全面发展。

（二）探究式英语翻译教学模式的实施方法和技巧

探究式英语翻译教学模式注重学生的主动参与和自主学习，通过设计启发性问题、提供真实材料、引导合作学习等方法，培养学生的翻译能力和自主学习能力。同时，教师的及时反馈和指导、学生的自我评估和创设真实情境是实施这一教学模式的重要技巧。

1. 设计启发性问题

在教学过程中，教师可以设计一系列启发性问题，引导学生主动思考、探索和发现翻译相关的问题。这些问题可以涉及语言特点、文化差异、语用等方面，激发学生的学习兴趣和思维能力。以下是设计启发性问题的一些示例。

（1）引导学生思考背景知识。在开始翻译任务之前，可以提出一些问题，让学生回顾相关的背景知识。例如，如果要翻译一篇关于环境保护的文章，可以问学生："你知道什么是环境保护？为什么环境保护很重要？"

（2）激发学生的思辨能力。提出一些开放性的问题，让学生思考并表达自己的观点。例如，如果要翻译一篇关于科技发展的文章，可以问学生："你认为科技对社会有哪些积极和消极的影响？"

（3）引导学生分析语言特点。帮助学生理解原文的语言特点，并思考如何在翻译中传达相应的意思。例如，如果要翻译一篇具有幽默元素的文章，可以问学生："你认为幽默在这篇文章中起到了什么作用？如何在翻译中保留幽默的效果？"

（4）指导学生解决翻译难题。当学生遇到翻译难题时，可以提出一些问题，引导他们思考解决方法。例如，如果学生在翻译中遇到了一个难以准确表达的词汇，可以问学生："你能想到哪些替代词汇或短语来传达相似的意思？通过什么语料库来进行词汇搜索？"

（5）鼓励学生比较语言和文化差异。提出一些问题，让学生思考不同语言和文化之间的差异，并思考如何在翻译中处理这些差异。例如，如果要翻译一篇关于传统节日的文章，可以问学生："你知道其他国家有哪些类似的传统节日？它们在庆祝方式和意义上有何不同？"

通过设计启发性问题，学生可以在翻译过程中积极思考和探索，提高他们的翻译技能和跨文化交际能力。同时，这种教学模式能激发学生的学习兴趣，使他们更主动地参与到课堂活动中。

2.提供真实材料

为了提升学生的英汉/汉英翻译能力，教师可以提供真实的翻译文本和案例，如新闻报道、广告、年度报告等。学生可以通过分析和翻译这些材料，加深对语言和文化的理解。在探究式英语翻译教学模式中，提供真实翻译材料是非常重要的。以下是几种方法来实现这一目标：

（1）使用真实的文本。教师可以选择来自报纸、杂志、网站、社交媒体等真实来源的文本和案例作为翻译材料。这些文本可以涵盖各种主题，包括新闻、文化、科技、商业等，以便学生在学习翻译的过程中接触到不同领域的内容。同时，他们可以通过与真实材料互动，提高他们的语言能力和翻译技巧。

（2）制作翻译任务。教师可以设计一系列的翻译任务，要求学生将真实文本和案例翻译成目标语言。这些任务可以包括年度报告、广告、产品说明书、社交媒体帖子等。通过这些任务，学生可以锻炼他们的翻译技巧，并且了解到真实翻译工作中可能遇到的挑战。

（3）使用翻译平台和工具。在数字时代，有许多在线翻译平台和工具可供使用。教师可以引导学生使用这些工具来进行翻译练习。例如，学生可以使用在线词典、翻译记忆库和术语库等工具来提高他们的翻译质量和效率。

（4）鼓励学生参与真实翻译项目。教师可以鼓励学生参与真实的翻译项目，例如志愿者翻译、实习或参与社区翻译活动。这样的参与可以让学生亲身体验真实的翻译工作，了解行业标准和要求，并提升他们的实际翻译能力。

通过提供真实的翻译材料，探究式英语翻译教学模式可以帮助学生更好地理解和应用翻译技巧，培养他们的翻译能力，并使他们更好地适应实际翻译工作中的需求。

3. 引导学生合作学习

探究式教学强调学生的主动参与和合作学习。教师可以组织学生进行小组讨论、合作翻译等活动，促进师生、生生之间的互动和合作，提高学生的翻译能力和团队合作能力。数字时代探究式英语翻译教学模式可以通过以下方式引导学生合作学习：

（1）创设合作学习环境。教师可以利用数字技术创造一个合作学习的虚拟环境，例如在线讨论论坛或协作平台。学生可以在这个环境中分享观点、讨论问题，并互相帮助解决翻译难题。

（2）分组合作翻译任务。将学生分成小组，每个小组负责完成一个翻译任务。在小组内，学生可以互相协作、交流和讨论，共同解决翻译中的问题。他们可以利用数字工具共享文档、编辑翻译版本，以便进行实时的协作。

（3）利用在线资源。数字时代提供了丰富的在线资源，例如在线词典、语料库和翻译工具。教师可以引导学生合理利用这些资源，并鼓励他们在合作学习中分享和探索这些资源的使用方法。

（4）提供反馈和评估机制。在合作学习过程中，教师可以定期提供反馈和评估，鼓励学生互相评价和分享他们的翻译成果。这可以促进学生之间的合作和学习动力，并帮助他们提供翻译技能。

（5）鼓励学生分享经验和策略。教师可以鼓励学生在合作学习中分享他们的翻译经验和策略。这样可以促进学生之间的互相学习和启发，同时为其他学生提供了宝贵的学习资源。

总之，数字时代探究式英语翻译教学模式通过创造合作学习环境、分组合作任务、利用在线资源、提供反馈和评估机制以及鼓励学生分享经验和策略等方式，有效地引导学生在翻译学习中进行合作学习，提高他们的翻译能力和技巧。

4. 提供反馈和指导

在学生进行翻译实践过程中，教师应提供及时的反馈和指导，以评促教。

可以通过批改作业、讨论中的点评等方式，帮助学生发现错误、改进翻译，提高翻译质量。数字时代的探究式英语翻译教学模式可以通过以下方式给学生提供反馈和指导：

（1）在线评估工具。使用在线评估工具，如翻译质量评估（TQA）工具、ChatGPT等，可以自动评估学生的翻译技能并提供即时反馈。这些工具可以根据学生的答案自动评分，并指出错误和改进的建议，学生可以通过这些反馈来针对性地修改译文，从而更好地了解自己的翻译水平和进步方向。

（2）虚拟辅导。教师可以通过视频会议或聊天工具与学生进行实时沟通，对学生的翻译作品进行评估和指导。通过虚拟辅导，学生可以与教师进行一对一的在线交流。这种个性化的辅导可以帮助学生理解自己的错误，提供具体的建议和指导，也符合数字时代学生的学习特点。

（3）在线讨论和合作。通过在线讨论和合作平台，学生可以与其他学生一起分享和讨论翻译作品。学生通过相互评价和提供反馈，共同探讨翻译问题，并互相学习。教师可以监督和参与这些讨论，提供指导和解答学生的疑问。

（4）自主学习资源。提供丰富的自主学习资源，如在线课程、教学视频和翻译实例库。学生可以根据自己的学习进度和需求选择适合的资源进行学习。这些资源可以帮助学生自主学习，并提供示范和范例供学生参考。

（5）反馈和评估工具。教师可以使用在线反馈和评估工具，如批改软件或在线评分系统，对学生的翻译作品进行评估。这些工具可以帮助教师快速批改作业，并提供具体的反馈和评分。学生可以根据教师的反馈了解自己的错误，并进行改进。

通过以上的方式，数字时代的探究式英语翻译教学模式可以为学生提供及时的反馈和指导，帮助他们改进翻译技能，提高学习效果。同时，这些方式能够激发学生的学习兴趣和自主探究能力。

5. 创设真实情境

为了提高学生的翻译实践能力，教师可以创设真实的翻译情境，如模拟翻译场景、角色扮演等活动。这样可以让学生更好地理解翻译的实际应用，并培养他们的应变能力和解决问题的能力。要创设数字化真实情境来支持探究式英语翻译教学模式，可以考虑以下方法：

（1）沉浸式体验。高校引入数字化教学资源、基于虚拟现实技术的实践性教学、智能语音室、数字化考试等多种数智技术，推进数字人文与翻译教学深入融合，形成翻译训练场景数据化、工作岗位翻译核心能力专业化为特征的数字化学习场景，如通过应用Second Life虚拟空间技术，学生可以在虚拟的情境中通过自己的"化身"（Avatar）与同伴进行实时的互动和交流，这种沉浸式体验可以让学生更深入地理解学习内容，增强沉浸感和交互性，创新学习体验。

（2）使用在线资源和工具。利用在线资源和工具，提供学生与真实英语翻译情境互动的机会。例如，使用在线新闻文章、博客、社交媒体帖子等，让学生尝试翻译这些真实文本，并与其他学生分享和讨论他们的翻译。同时，学生可以使用在线词典、语料库、翻译记忆库等工具，协助翻译实践。

（3）虚拟角色扮演。创建虚拟角色扮演活动，让学生扮演不同的角色，如翻译员、客户、商务谈判者等，与虚拟客户或合作伙伴进行交流。这样可以让学生在真实的情境中更好地理解和应用翻译技能，并学习如何在真实场景中应对各种挑战和需求。

（4）虚拟实地考察。利用虚拟实地考察的技术，让学生体验真实的翻译环境。通过使用虚拟现实（VR）或增强现实（AR）技术，学生可以在虚拟环境中参观国外机构、会议或活动，并进行翻译交流。这种方式可以增强学生的情境感知和语言应用能力。

（5）在线合作项目。组织在线合作项目，让学生与其他学生或专业翻译人员合作完成真实的翻译任务。通过使用在线协作平台，学生可以与其他人共同翻译文本、提供反馈和讨论，模拟真实的翻译工作环境。

通过创设真实情境，学生可以更好地掌握翻译策略和技巧，提高他们的翻译能力和实践经验。这种教学模式可以帮助学生更好地适应数字时代的英语翻译需求，并培养他们在真实情景中进行翻译的能力。

五、探究式英语翻译教学模式的案例分析

（一）教学目标

通过翻译China's Shenzhou-15 Astronauts Complete 3rd Spacewalk（神舟

十五号乘组在轨满四月,日前完成第三次出舱任务)一文,了解科技文章在词汇、句子和语篇层面的特点和要求;能够运用探究式学习方法,主动探索科技语篇翻译的策略和技巧;提高学生的科技语篇理解能力和翻译实践能力;培养学生的科技素养和信息素养,树立民族自豪感和自信心。

(二)实施步骤

1. 导入

要求学生在课前自主搜索与航空航天有关的语篇或音视频材料,引起学生对科技话题的思考和兴趣。在教学平台发布主题讨论,激发学生思考,引导学生了解科技语篇的在词汇、句子和语篇层面的特点等。

2. 探究式学习

引导学生通过自主探究的方式,了解科技语篇翻译的策略和技巧。可以采用以下活动:

(1)小组讨论。将学生分成小组,让他们分享并讨论自己在科技语篇翻译中遇到的问题和挑战,以及解决问题的方法和经验。

(2)翻译项目实践。给学生提供一篇科技语篇的原文,让他们在小组内进行协同翻译。鼓励学生在翻译过程中积极尝试不同的翻译策略,并互相交流和讨论。鼓励学生在翻译过程中进行自主思考和创新,尽量保持原文的科技特点和风格。同时,要求学生利用数字工具和资源,建立航空航天领域的术语库和记忆库。

(3)策略分享。学生展示他们的探究成果。每个小组选出一名代表,分享他们在翻译实践中发现的有效策略和技巧。其他小组成员可以提出问题或分享自己的观点。通过互评和讨论,选择解决问题的最优方案。

3. 教师辅助指导

根据学生的讨论和分享,教师可以提供必要的指导和解释,帮助学生更好地理解和运用科技语篇翻译的策略和技巧。

4. 实践应用

借助虚拟技术,创设神舟十五号航天员乘组于第三次出舱活动的应用场景,选择一些真实的航空航天语篇翻译案例,让学生在虚拟的环境中完成翻译实践项目。分析项目实践中的遇到的问题和采用的解决方法。鼓励学生使用他们在探究式学习中学到的策略和技巧，并在小组内进行交流和反馈。

5. 实践总结

组织学生进行小组讨论，形成翻译实践报告，在课堂上进行汇报和分享学习心得和体会。

6. 评价和反馈

教师对学生的翻译成果进行评价，重点关注科技语篇的理解和翻译准确性。给予学生积极的反馈和建议，鼓励他们继续提高翻译能力和科技素养。

（三）效果评估

主要从学生的翻译质量、学生自主学习和解决问题的能力、学生的表达和展示能力、学生的参与度和学生的反馈等方面对效果进行评估，如表4-2所示。

表4-2 效果评估维度及内容

评估维度	内容
学生译作的翻译质量	比较学生最初的翻译版本和最终的翻译成果，评估学生的翻译能力和水平的提升。对学生的翻译实践进行评价，包括翻译质量、准确性和流畅性
学生自主学习的能力	评估学生主动学习翻译相关知识的能力
学生解决问题的能力	观察学生在翻译过程中遇到问题时的解决方法，评估学生解决问题的能力
学生的表达和展示能力	评估学生在展示翻译成果时的表达能力和创意
学生的参与度	观察学生在讨论、翻译实践和案例分析中的积极参与程度
学生的反馈	收集学生对本次教学的反馈和建议，以进一步改进教学设计和方法

（四）结论

通过这个教学设计，学生将能够在探究的过程中主动学习科技语篇翻译的策略和技巧，提高他们的翻译能力和科技领域的语言应用能力。同时，学生将培养自主学习和合作学习的能力，为其未来的学习和工作做好准备。

数字时代探究式英语翻译教学模式在提高学生翻译能力、批判思维和信息素养方面具有显著优势。然而，教师需要合理安排时间、关注学生差异，并灵活评估学生的学习成果。这种教学模式有望为英语翻译教育带来创新和变革，适应数字时代学习者的需求。

1. 优势

其一，学生主动参与。探究式教学模式可以激发学生的学习兴趣和积极性，使他们成为学习的主体。

其二，自主学习和批判思考。学生通过自主查找和分析信息，可以培养独立思考和批判性思维能力。

其三，实践导向。学生通过实践任务，可以锻炼翻译技能和解决问题的能力。

其四，多元资源利用。学生通过利用数智技术，以情境化体验和角色扮演的方式来开展沉浸式自主训练和协作训练，可以提高其翻译学习效率，拓宽其视野。

2. 局限性

其一，时间管理。探究式教学需要更多的时间来进行研究和实践，可能会影响到其他课程的安排。

其二，学生差异。学生的英语水平和学习能力存在差异，可能导致部分学生在自主学习和实践任务中遇到困难。

其三，评估难度。探究式教学模式的评估相对复杂，需要综合考虑学生的研究成果、实践任务和思维能力。

第三节　数智化转型英语翻译教学模式

数智化转型在当今社会中扮演着至关重要的角色，成为各行各业取得成功的关键因素之一。大数据、人工智能、区块链、物联网、数字孪生的迅猛发展和全球化的加速推进，促进了高等教育向数字化、智能化阶段转型和演进。在这一背景下，英语翻译教学需要适应数字化时代的变革，以培养具备数字化转型能力的翻译人才。本节将探讨如何将英语翻译教学与数字化、智能化技术相结合，创新英语翻译教学模式，以提高学生的翻译能力和适应数字化环境的能力。通过引入新的教学方法和工具，为学生提供更加实用和灵活的学习体验，帮助教师和学生更好地应对数字化转型所带来的挑战和机遇。

一、数智化转型概述

（一）数智化转型的概念

数智化转型是指组织或企业利用数字技术和数据驱动的方法，对其业务和运营进行全面的变革和优化的过程。它涉及从传统的业务模式和流程向数字化和自动化的方式转变，以提高效率、创新能力和竞争力。

数智化转型的概念包括以下几个方面：

1. 数据驱动。数智化转型的核心是利用数据作为决策和运营的基础。通过收集、分析和利用大数据，组织可以获得深入的洞察和实时的业务情报，从而更好地了解客户需求、市场趋势和业务运营状况。

2. 自动化和智能化。数智化转型通过引入自动化和智能化技术，如人工智能、机器学习和自动化流程，来提高工作效率和质量。这样可以减少人力资源的浪费，提高生产力，并为员工创造更有价值的工作。

3. 创新和敏捷性。数智化转型鼓励组织在业务模式、产品和服务方面进行创新。通过数字技术的应用，组织可以更快地推出新产品和服务，更好地满足客户需求，并适应市场变化。

4. 客户体验和个性化。数智化转型使组织能够更好地了解客户，并提供个性化的产品和服务。通过分析客户数据和行为，组织可以实现更精确的定位和营销，提供更好的客户体验，并建立更紧密的客户关系。

5. 跨部门协作和整合。数智化转型促进了不同部门之间的协作和信息共享。通过数字化的工作流程和协作工具，组织可以打破信息孤岛，实现跨部门的协同工作，提高决策效率和团队合作能力。

总之，数智化转型是一种基于数字技术和数据驱动的全面变革，旨在提高组织的效率、效率、创新和价值创造的转型过程。它是现代组织在面对数字化时代的必然选择，有助于提升竞争力和适应市场变化。

（二）数智化转型的背景

随着信息技术的迅猛发展和互联网的普及，数据成为企业最重要的资产之一。同时，全球竞争加剧、市场环境的不确定性增加以及用户体验需求的不断变化，促使企业必须加快创新和决策的速度。

在这样的背景下，数智化转型成为企业提升竞争力和适应市场变化的重要战略。数智化转型通过运用大数据、人工智能、云计算、物联网等先进技术，将企业内外的数据整合、分析和应用，以实现更高效的业务运营、更精准的市场预测、更优化的决策制定等目标。

数智化转型的背景还包括以下几个方面：

1.数据爆炸。随着数字化时代的到来，企大量的数据被不断产生和积累。企业通过数智化转型可以更好地利用这些数据，挖掘出隐藏在数据背后的商业价值。通过数据分析和预测，企业可以更准确地了解客户需求、市场趋势和业务运营情况，从而做出更明智的决策。

2.技术进步。人工智能、大数据分析、云计算等技术的快速发展和成熟，为数智化转型提供了强有力的技术基础。企业可以利用这些技术来改进业务流程、提高效率、优化资源配置等。

3.竞争压力。全球化竞争的加剧和新兴科技企业的崛起，使得企业面临更大的竞争压力。数智化转型可以帮助企业提高竞争力，迅速响应市场变化，实现创新和差异化。

4.用户体验的重要性。随着消费者对个性化和定制化产品及服务的需求增加，用户体验成为企业竞争的关键因素。数智化转型可以帮助企业更好地理解用户需求、个性化推荐、提供定制化服务，从而提升用户体验，增强用户忠诚度。

综上所述，数据爆炸、技术进步、竞争压力和用户体验的重要性是推动数智化转型的背景因素。企业需要适应这些变化，利用数字技术和数据分析等工具来提升业务效率、创新能力和竞争力，实现可持续发展。

（三）数智化转型对英语翻译人才培养的影响

在数字时代，各行各业都面临着前所未有的挑战和机遇，翻译行业也不例外。传统的英语翻译模式已经无法满足现代社会对英语翻译人才的需求，因此，数智化转型成为培养英语翻译人才的新路径和模式。本科高校英语翻译人才培养的"数智化"转型是基于大数据思维，将人工智能等新技术融入英语翻译人才培养体系和模式中，注重翻译学科与数字化、智能化之间深层次的内在关联，将数字化技术和翻译学科教学深度融合，以培养数智化时代下的创新型应用型复合型英语翻译人才。

首先，数字化技术的发展给翻译领域带来了巨大的机遇和挑战。随着AI翻译、CAT工具、语音翻译等技术的飞速发展，语言服务的方式和要求正在发生变革。数字化技术不仅可以提高翻译等语言服务的准确性、速度和效率，还可以降低成本，并为翻译质量的提升提供技术支持。数字化转型对高等教育中的英语翻译人才培养提出了更高的要求。英语翻译人才培养需要深度融入数字技术，形成新的价值导向与发展战略。同时，高校需要构建符合数字时代发展要求的育人体系。因此，数字技术驱动高校英语翻译教育进行数字化、智能化转型升级。

其次，数字时代的发展要求英语翻译人才具备"数智化"思维和能力。数字时代需要学生适应"人机结合"的认知方式，同时培养具有全球视野和深度思维的复合型人才，这就对英语翻译人才培养提出了更高的要求和期望。新时代的英语翻译人才不仅需要掌握传统的翻译技能和语言能力，还要具备信息分析和处理、创新思维、跨学科思维等方面的综合素养。

最后，数智化转型是翻译行业发展的必然趋势。在数字化时代，各种新兴的翻译企业和平台不断涌现，各个企业的竞争也变得越来越激烈。数智化转型已经成为翻译企业进行升级转型的核心要求和任务，这给英语翻译人才需求带来了新的变化。数字化经济时代要求英语翻译人才能掌握和研发数字化翻译工具和平台，利用大数据和人工智能技术有效地处理文本和语言信息。只有实现英语翻译人才"数智化"转型，才能够适应新时代的发展和变革，实现行业的可持续发展和创新。

三、数智化转型英语翻译教学模式的理论基础

（一）深度学习理论

深度学习是一种人工智能的子领域，通过模拟人脑神经网络的结构和功能，利用大量数据进行训练和学习，从而实现对复杂模式和特征的自动提取和分析。深度学习技术的应用可以为教育学领域提供个性化学习、自动化评

估、智能教育工具和教育数据挖掘等方面的支持，促进教育的个性化和智能化发展，提高学生的学习效果和教学质量。同时，学习者的深度学习也是学习科学领域中的重要内容，它强调有意义、主动的学习，是与浅层学习（Surface Learning）相对应的一种学习方式。深度学习强调培养学习者的高阶思维能力、反思能力以及行为与情感投入，以深度参与和学习迁移为导向，其目标在于提高学习者的核心素养，实现全面育人。在数字时代，"数智化"已成为翻译行业转型升级的核心任务，社会急需培养具备实践能力、人文素养和数字素养、思辨与创新能力的复合型应用型英语翻译人才，这就要求传统英语翻译教学转变其目标和方式，在培养学生核心素养能力方面下功夫。由此可见，深度学习理论与英语翻译教学"数智化"的目标存在高度一致性，深度学习可以作为高校数智化转型英语翻译教学模式构建的理论支持，为推动英语翻译教学与数智技术的深度融合提供重要指导。

（二）联通主义理论

联通主义理论是一种关注学习者主动参与、合作学习和知识共享的学习理论。它强调知识的联通和整合，认为学习者通过与他人、资源和技术工具的互动和合作，共同构建知识和理解，这为构建数智化转型英语翻译教学模式在教学目标制定、教学活动设计、教学资源设计、教学环境设定以及学习交互等方面提供了借鉴。联通主义理论认为，学习者应该成为知识的主动构建者，而不仅仅是被动的接受者。"数智化"英语翻译教学改革也强调学习者在学习过程中的主动参与，通过使用数字技术和信息化工具，学习者更加主动地获取、分析和利用翻译资源，提高学习效果。联通主义学习理论提出，知识是通过将新信息与现有知识进行联结而建立的。"数智化"英语翻译教学中，学习者需要将语言知识、文化知识、专业知识等进行联结，形成综合的翻译能力；教师帮助学习者建立知识之间的联系，促进知识的迁移和应用。因此，联通主义理论和"数智化"英语翻译教学改革可以相互促进和支持，通过结合两者的理念和方法，可以为学生提供更具有参与性和合作性的教学环境，提高翻译教学的效果和质量。

四、数智化转型英语翻译教学模式的特点及设计原则

（一）模式的特点

在数字时代教育领域，传统的英语翻译教学模式已不能满足学生对实用翻译技能和数智化能力的需求。数智化转型为英语翻译教学模式带来了全新的特点和挑战。因此，针对数智化转型的英语翻译教学模式应运而生。这种教学模式注重培养学生的信息获取、处理和分析能力，巧妙地结合了人工智能和大数据技术，使学生能够更好地适应信息爆炸时代的翻译需求。数智化转型英语翻译教学模式具有如下特点：

1. 数据驱动。数智化转型英语翻译教学模式以数据为基础，通过收集、分析和利用大量的语言数据，为学生提供个性化的学习体验。这种模式利用数据分析技术来识别学生的学习需求和问题，并根据学生的表现调整教学内容和方法。

2. 个性化学习。数智化转型英语翻译教学模式注重满足学生的个性化学习需求。通过分析学生的学习数据，教师可以了解每个学生的强项和弱项，并为其量身定制学习计划。这种个性化学习模式可以提高学生的学习效果和动力。

3. 虚拟学习环境。数智化转型英语翻译教学模式利用虚拟学习环境来提供丰富的学习资源和工具。学生可以通过在线平台进行学习，使用多媒体教材、语言工具和交互式学习活动。这种虚拟学习环境为学生提供了更加灵活和便捷的学习方式。

4. 自主学习、合作学习和终身学习。数智化转型英语翻译教学模式鼓励学生进行自主学习和合作学习。学生可以根据自己的学习进度和兴趣选择学习内容，并通过在线平台与其他学生进行交流和合作。这种学习模式培养学生的自主学习能力和团队合作精神。同时，数智化转型英语翻译教学模式鼓励学生持续学习和更新自己的技能。由于数智化技术的不断发展和更新，学生需要不断跟进最新的技术和工具，以适应行业的变化和需求。

5. 实践与反馈。数智化转型英语翻译教学模式注重实践和反馈。学生通过实际翻译任务和模拟情境练习来提升翻译能力，并获得及时的反馈和评估。

这种实践与反馈的循环帮助学生不断改进和提高自己的翻译技巧。

6.人机协同。数智化转型英语翻译教学模式充分发挥人和机器在翻译教学过程中的互补优势，将教师智慧、机器智能有机结合，为学生提供了更全面和有效的翻译教学体验。教学过程中，机器可以用于提供各种教学资源和工具，例如在线课程、教学软件、多媒体教材等，这些资源可以帮助学生在学习过程中获得更多的互动和反馈，增强他们的学习动力和兴趣。教师在这种模式下扮演着指导者和辅助者的角色。他们可以利用机器智能来协同设计和组织教学活动，智能诊学，人机助学，精准评学，监控学生的学习进度，并提供个性化的指导和反馈。教师还可以根据学生的需求和水平调整教学内容和方法，以满足不同学生的学习需求。

总的来说，数智化转型英语翻译教学模式通过数据驱动、个性化学习、虚拟学习环境、自主学习、合作学习、终身学习、实践与反馈以及人机协同等特点，为学生提供了更加灵活、个性化和有效的英语翻译学习体验。

（二）模式的设计原则

数智化转型英语翻译教学模式旨在充分利用数据分析和智能技术的优势，为学生提高学习效果和学习体验。这种教学模式的设计应体现灵活性、个性化和实践性。灵活性是指学生可以根据自己的学习进度和兴趣选择学习内容和学习方式，从而更好地激发学习动力。个性化是指根据学生的学习风格和能力水平，为其提供量身定制的学习资源和评估方式，以促进学习效果的最大化。实践性则是通过将实际场景和问题融入英语翻译教学中，让学生能够在实践中应用所学翻译知识和技能，提高学习的实效性。设计数智化转型英语翻译教学模式时，可以考虑以下原则和要点：

1.创新数智化教学理念。"数智赋能"英语翻译教学的核心在于建立一个数字化、智能化的翻译教学生态系统。这个系统包括虚拟化的翻译教学环境、交互式的翻译教学实施、数字化的翻译教学资源、智能化的翻译教学评估以及便捷化的翻译教学管理。

2.打造数智化教学环境。依托于 VR/AR/MR 等融合技术，为翻译师生构造出具身化、超时空交互的沉浸式翻译教学环境，形成翻译训练场景数据化、工作岗位翻译核心能力专业化为特征的数字化学习场景。同时，利用

ChatGPT、个性学习分析、智能生成与推送等技术构建数智化学习环境，帮助学生开启智慧、交互、自适应学习，实现深度学习体验。

3. 重构数智化教学实施。通过融合翻译教育相关技术，重构翻译教学数智化转型教学实施，推动高校英语翻译教学信息化升级。祝智庭、戴岭指出，人机协同是数智化转型教学模式突出的特点之一，"师——机器——生"的结构变革推动教学从"以教为中心"转变为"以学为中心"，重塑师生的角色。一方面，教师转变为教学活动的设计者、实施者和评估者，智能技术扮演辅助教学的角色，学生是教学活动的参与者。另一方面，依托先进的英语翻译教学平台和工具，实现线上线下融合教学模式，将线上与线下教学有机结合，突破时间和地域限制，构建学习共同体，打造数字化智慧教学。

4. 共创共享数智化教学资源。基于AIGC（AI Generated Content，人工智能生成内容）等智能技术，创建翻译教育多模态语料库，开发交互式的数字化、智能化翻译教材，提供海量的翻译教学案例资源，满足教师和学习者的多元需求。智能生成技术、数字孪生技术与教学资源融合构建数字化教学资源生态，实现数字化翻译教学资源共建共享。

5. 数据驱动教学评价。依托数据赋能，实现翻译教学评价精准化、个性化和多元化。通过数字化教学平台记录学生的学习痕迹，包括翻译错误类型、教师点评修改、同伴点评修改和机器评分，形成翻译学习电子档案袋；通过深度挖掘数据，构建学生学习者画像，教师可以"以学定教""因材施教""以评促教"；教学评价逐渐向多元评价转变，包括多种评价方法和工具的综合运用，如项目作业、口头报告、小组合作、实践实习等，同时这些评价方法要能够更全面地反映学生的学习能力、思维能力、创造力和合作精神等方面的发展情况。

五、数智化转型英语翻译教学模式的构建

以"深度学习"和"联通主义"为理论依据，数智化转型英语翻译教学模式强调"以学生为中心"，培养学生的翻译能力和高阶思维能力，创造高度参与性、个性化和沉浸式的学习体验。以下从教学目标、教学环境、教学步骤设计和教学评价等要素来构建"数智赋能、人机协同"的英语翻译教学模式。

（一）教学目标

数智化转型英语翻译教学模式旨在落实"立德树人"的根本任务，培养全面发展的翻译人才。为了实现这一总目标，我们需要达成以下三个具体目标：

1. 知识和能力目标

根据2020年《翻译专业本科教学指南》，翻译教学的目标在于培养学生的翻译能力，数智化转型英语翻译教学模式注重培养学生双语能力、超语言能力（如百科知识、主题知识等）、工具能力和策略能力等，强调培养学生的思辨与创新能力、解决问题以及终身学习等高阶思维能力，巧妙结合人工智能和大数据技术，使学生能够更好地适应数字时代的翻译需求。

2. 素养目标

数智化转型英语翻译教学模式注重培养学生在数字时代所需的核心素养，特别是科学素养和数字素养，以更好地适应现代翻译行业的需求。同时重视培养学生的人文素养和专业素养，人文素养中的情感目标指激发学生对翻译的学习兴趣和动力，态度目标指培养学生的翻译学习效能感等，价值目标指学生对翻译职业的认同感。此外，学生也应具备信息安全和伦理意识，能够正确处理和保护翻译过程中涉及的敏感信息，遵守相关的伦理规范。

3. 思政目标

通过将数智技术与英语翻译教学相结合，数智化转型英语翻译教学模式引导学生思考并理解不同文化背景下的价值观、思想体系和社会现象，帮助学生更深入地分析翻译过程中的思想与文化冲突，并在实践中运用相关的伦理原则和价值观进行决策。其目标在于培养学生的批判性思维、跨文化交流能力和文化认同感，使他们成为具有全球视野、家国情怀和社会责任感的翻译专业人才。

（二）教学环境

教学环境是构建数智化转型英语翻译教学模式的实现条件，影响教学实施和效果。由于"数智化"翻译教学中环境是处于动态变化，这就要求教师能够调控教学环境与其他要素之间的关系，达到最优的教学效果。当教学环境（包括实体环境和网络空间）确定时，教师的数字教学意识和能力很大程度上决定了教学内容的呈现方式（如选择和制作数字资源）以及教学活动的设计（如虚拟仿真实训活动），从而影响教学目标的实现。

依托 VR（虚拟现实）/AR（增强现实）/MR（混合现实）等融合技术，英语翻译教学可以为翻译师生构造出具身化、超时空交互的沉浸式翻译教学环境，形成翻译训练场景数据化、工作岗位翻译核心能力专业化为特征的数字化学习场景。教学中可以实时、无感知地收集师生教与学的过程数据，通过智能分析丰富教学评价的数据来源，并根据实时的评价结果及时调整教学活动，增强师生、生生之间的交互。同时，利用 ChatGPT、个性学习分析、智能生成与推送等技术构建数智化学习环境，帮助学生开启智慧、交互、自适应学习，实现深度学习体验。

（三）教学步骤设计

教学实施是实现数智化转型英语翻译教学模式的关键，可以分为：课前、课中和课后三个阶段。下面将阐述如何将英语翻译教学与数智技术相融合，形成高效、精准、可持续的翻译学习循环。

1. 课前阶段

在课前阶段，数智化转型英语翻译教学模式可以通过人机协同实现智能诊学，协同教学设计。

（1）数据收集。教师通过智能平台向学生推送预习资料和翻译场景，并向学生发布相应的学习任务，以实现教学内容的导入。收集学生的课前作业、练习题答案以及其他相关学习材料。这些数据可以用于建立学生的学习档案和诊断模型。

（2）数据分析。利用机器学习和数据分析技术，对收集到的数据进行处理和分析，既可以使用自然语言处理技术对学生的文本信息进行分析，识别关键信息和问题，还可以使用机器学习算法对学生的学习历史和行为进行模式识别，从中得出学生的学习特点和需求。

（3）智能诊断。基于数据分析的结果，机器可以生成智能诊断报告。该报告可以包括学生的学习状态、潜在问题和建议。例如，如果学生在某个翻译知识点上表现较差，机器可以建议学生在课前进行相关的复习。此外，机器还可以根据学生的学习特点和需求，推荐个性化的学习资源和策略。

（4）人机交互。将智能诊断报告提供给教师和学生，促进教师与学生之间的交流和互动。教师可以根据报告中的信息，调整并制订相应的教学计划和策略，以满足学生的需求。学生可以通过与教师的交流，进一步了解自己的学习情况，并提出问题和建议。

（5）课前指导。基于智能诊断报告和人机交互的结果，教师可以为学生提供个性化的课前指导。这可以包括针对学生的学习问题和需求，推荐适合的学习资源和学习策略。另外，教师还可以与学生一起制定学习目标，并提供相关的学习支持和指导。

通过人机协同实现课前智能诊学可以提高教学的个性化程度，帮助学生更好地理解和掌握知识。同时，教师可以更加有针对性地进行教学，提高教学效果和学生的学习动力。

2. 课中阶段

在翻译课程中，通过人机协同实现智慧教学可以提供更高效和个性化的学习体验。下面是一些实现智慧教学的方法和技术：

（1）自适应学习系统。利用人工智能技术，开发自适应学习系统，根据学生的学习进度、兴趣和能力，提供个性化的学习内容和学习路径。该系统可以根据学生的反馈和表现调整教学策略，提供有针对性的辅导和支持。

（2）在线学习社区和合作学习。利用在线学习平台和社交媒体平台，建立学习社区，让学生可以互相交流和合作学习。在这个过程中，机器可以提供辅助和支持，如自动评估学生的贡献、提供学习资源等。这样，学生可以通过合作学习获得更多的反馈和学习机会。例如，学生可以利用翻译工具和软件，与其他学生一起合作翻译、校对和修改翻译内容，从而提高翻译的质量和效率。

（3）虚拟实验和模拟训练。利用虚拟实验和模拟训练技术，提供实践和应用方面的学习机会。学生可以在虚拟环境中进行翻译实践，通过模拟的翻译案例情境和翻译实践项目进行训练。机器可以提供实时的指导和翻译质量评估反馈，帮助学生提高翻译技能和应用能力。

（4）数据驱动的个性化反馈。通过收集和分析学生的学习数据，如翻译任务、翻译测试等，系统根据学生的表现提供个性化的反馈和建议。这样，学生可以了解自己在翻译学习方面的弱点和需要改进的方面，并根据反馈进行更有针对性的学习。

（5）教师助力深度学习。教师根据班级共性问题，如针对某个翻译策略或技巧，助力学生深度学习。教师可以利用在线协作工具和平台来鼓励学生参与在线讨论、翻译小组活动等，通过互动的方式来实现人机协同，同时提高学生的合作能力和解决问题的能力。另外，教师还可以根据机器的实时分析和及时反馈调整教学内容。更重要的是，教师助力培养学生的核心素养，传递情感价值观，培养学生的批判性思维和数智思维。

通过人机协同实现智慧教学可以提供更加个性化和高效的学习体验，帮助学生更好地掌握翻译技能和知识。同时，教师可以通过机器提供的数据和反馈，更好地了解学生的学习情况，进行更有效的教学和指导。

3. 课后阶段

在英语翻译课程的课后阶段，可以通过人机协同来实现智慧教学的方式有很多。下面是一些可能的方法：

（1）自动评估和反馈。利用自然语言处理技术和机器学习算法，开发智能评估系统，能够自动分析学生的翻译作业，并提供更具针对性的反馈和建议。这样的系统可以在课后帮助学生更好地理解和改进自己的翻译技巧，实现智能辅导和智能评价。

（2）个性化学习路径。利用机器学习算法和大数据分析技术实现智能推送，根据学生的学习情况和需求，为每个学生设计个性化的学习路径。通过智能教学系统，学生可以根据自己的水平和兴趣进行翻译学习，提高学习效果。

（3）智能辅助。智能教学系统可以为学生智能答疑，如提供翻译工具、参考资料、语料库等。同时，可以提供学习辅助功能，如自动词义解析、语法纠错等，帮助学生更好地理解和掌握翻译技巧。

（4）协作学习和社交互动。通过智能教学平台，学生在课后阶段可以进行协作学习，与同学和教师进行互动和讨论。智能教学系统可以提供实时的在线交流和协作工具，促进学生之间的合作和学习效果的提高。

（5）数据分析和个性化建议。通过收集和分析学生的学习数据，如学习进度、答题情况等，智能教学系统可以生成本节课的学习报告，并提供个性化的建议和指导，帮助学生更好地规划学习和提高学习效果。

（6）教师助力深度评价。教师可以设计有挑战性的任务，要求学生进行深度思考、分析和解决问题，以激发学生的思维和创造力。教师可以通过提供及时的反馈和指导来帮助学生改进他们的学习成果。这包括指出学生在思考过程中可能存在的错误或不足，并提供具体的建议和策略来帮助他们进一步发展。同时，教师可以鼓励学生主动参与学习过程，培养他们的自主学习能力。这可以通过鼓励学生提出问题、寻找资源和解决问题的方法来实现。

此外，教师还可以使用多种评价方法来评估学生的学习成果，如邀请翻译行业专家对学生的翻译项目进行点评。值得一提的是，教师要注重对学生的情感态度进行评价，弥补机器评价的不足，这样可以更全面、更准确地为学生的学习情况提供评价。

在课后阶段，数智化转型英语翻译教学模式通过人机协同实现课后阶段协同辅导、协同批阅、协同评价，从而实现更加个性化、高效、精准和灵活的学习评价。

（四）教学评价

数智化转型英语翻译教学模式更注重对学生翻译能力和核心素养的评价。依托数据赋能，教学能够记录学生的学习痕迹，包括翻译错误类型、教师点评修改、同伴点评修改和机器评分，形成翻译学习电子档案袋；通过深度挖掘数据，构建学生学习者画像，教师可以"以学定教""以评促教"，实现翻译教学评价精准化。在评价体系上，重视数字技术赋能，完善教学质量评价体系，建立能够全面评估学生的翻译能力评价标准，包括对翻译技术、信息搜索、数据分析和处理等核心数字技能的评价。同时，要注重评价学生的批判思维、系统思维、创新思维以及历史、文化、人文、情感、态度等非数字多元素素养的全面发展。

坚持深度学习理论，将 AIGC、机器学习、自然语言处理等新技术、新方法、新范式融入英语翻译教学中，运用 MQM、BLEU 等翻译质量评估模型或指标，对翻译质量进行评估，依托"数智化"教学平台，对翻译教学实施智能化、系统化、多元化的评价。课前形成"数智化学习场景+针对性产出+师生评价、同伴反馈",课内搭建"数智化教学平台+师生/生生地有效合作",课外转向"数智化辅评+学生自评+同伴互评+教师点评+企业专业点评",实现评价对象、评价方式、评价时间、评价内容的多元化与可视化,为英语翻译教学提供更客观科学的评估和反馈。

六、展望

教育数字化转型是数字时代外语教育发展的必然趋势,数智化转型翻译教学模式是顺应数字时代英语翻译教学改革的应对之策,这一转变既带来了机遇,也面临着挑战。

(一)机遇

首先,通过数智化技术,学生可以获得更加个性化和精准的学习体验。传统的教学模式通常是一对多的,难以满足每个学生的不同需求。然而,在数智化转型的教学模式下,学生可以根据自己的学习进度和兴趣选择适合自己的课程内容和学习方式,从而提高学习效果。

其次,虚拟实践平台和在线资源的出现,为学生提供了更多的学习机会和实践经验。学生可以随时随地体验真实场景下的翻译项目和案例,使学生能够更好地应对实际工作中的挑战。

再次,数智化转型促进了学生与教师之间的互动和合作。通过在线平台和社交媒体,学生可以与教师进行实时交流和讨论,解决问题和分享学习心得。另外,学生还可以与其他同学进行合作学习,共同完成翻译项目和任务,提高团队协作和沟通能力。

最后,随着全球化的不断推进,翻译行业对高素质的英语翻译人才的需求也越来越大。通过数智化转型的教学模式,学生可以更好地掌握翻译技巧和工具,提高自己的竞争力,为其未来的就业做好准备。

(二)挑战

其一,数据获取和处理。数智化转型需要大量的数据支持,包括学生的学习数据、教材的语料库、翻译实例等。然而,获取和处理这些数据可能面临隐私保护、数据质量和数据整合等问题。

其二，技术应用和教师培训。数智化转型需要教师掌握相关技术工具和方法，包括数据分析、虚拟技术等。然而，教师的技术能力和培训需求可能存在差异，学校和教育有关部门需要提供相应的培训和支持，需要教师们不断更新自己的知识和技能，以适应新技术的应用。

其三，课程设计和教学方法。数智化转型要求重新设计翻译课程内容和教学方法，以适应数字化环境下的教学需求。然而，如何有效地整合技术和教学，保持教学质量和学习效果，是一个需要认真思考和实践的问题。

其四，学生参与和学习动力。数字化教学环境下，学生的参与和学习动力可能面临挑战。教师需要创造积极的学习氛围，激发学生的学习兴趣和动力，使他们积极参与到数智化转型的教学中。数智化转型改变了学生的学习方式，传统的纸质教材和课堂讲解已不再适用。学生需要适应在线学习平台、虚拟实验室和多媒体教材等新的学习环境。

其五，评估和反馈机制。数智化转型需要建立有效的评估和反馈机制，以监测学生的学习进展和教学效果。然而，如何准确评估学生的翻译能力和语言技能，以及如何提供有针对性的反馈，是一个需要解决的难题。

总之，数智化转型为英语翻译教学带来了挑战和机遇。教师们需要积极应对挑战，更新教学理念和方法。同时要善于抓住机遇，充分利用数智技术给英语翻译教学带来的优势，提升教学质量和学生的学习体验。

（三）可持续发展和改进

为了实现可持续发展和不断改进数智化转型英语翻译教学模式，需要做到：

1.定期评估和持续改进

定期对数智化转型英语翻译教学模式进行教学效果评估，了解其在实际翻译教学应用中的效果和问题。可以通过与学生和行业专家进行交流，了解他们的需求和意见。根据评估反馈不断更新教学资源、改进教学方法和技术等方式来改进教学模式，提升教学效果。

2.强调数据分析和信息处理

数智化转型需要师生具备数据分析和信息处理的能力。因此，英语翻译教学中应该注重培养师生的数据处理技能，包括数据收集、整理、分析和可视化等。

（1）数据收集。师生应该学会有效地收集相关的语言数据，包括文本、语料库、翻译记忆库等，了解如何获取可靠的数据源，并且能够选择和筛选出对翻译任务有用的数据。

（2）数据整理。师生需要学习如何整理和组织收集到的数据，包括对数据进行分类、标记和归档，以便于后续的分析和使用。数据整理的目的是建立一个可靠的数据库，方便师生在翻译过程中查找和利用相关信息。

（3）数据分析。师生应该具备数据分析的能力，以理解和解释语言数据中的模式和趋势。他们可以使用统计分析工具和技术，如频率分析、关联分析和文本挖掘，来揭示数据中的隐藏信息和关系。通过数据分析，师生可以更好地理解语言使用的规律和特点，从而进行更准确和有针对性的翻译。

（4）数据可视化。师生应该学会将数据以可视化的方式呈现，如图表、图形和词云等。数据可视化可以帮助师生更直观地理解和传达数据的含义，同时也有助于发现数据中的模式和趋势。通过数据可视化，师生可以更好地向其他人展示和解释翻译过程中的数据分析结果。

3. 注重产学研相融合

数智化转型英语翻译教学模式应该注重产学研相融合，以适应快速变化的技术和社会需求。

（1）产业方面。教学应紧密结合实际翻译工作的需求，引入真实案例和项目，让学生通过实践中学习并掌握最新的翻译技术和工具。同时，与行业合作建立联系，为学生提供实习机会并提高他们的就业竞争力。此外，还可以利用数智技术让学生感受实际工作环境。例如，在医学翻译教学中，我们可以借助数字技术来创造更具立体化的学习场景。首先，我们可以开发虚拟现实技术，让学生通过戴上VR头盔，进入一个仿真的医学环境中。其次，在这个虚拟世界中，学生可以亲身体验人体构造，观察医疗设备和技术的使用，甚至可以进行模拟手术操作。最后，通过这种方式，学生可以更加直观地理解医学术语的含义，提高翻译的准确性和专业性。

（2）学术方面。教学应根据数字时代的特点进行研究和创新，鼓励学生进行翻译理论和实践的深入探索。教师可以引导学生参与翻译项目的研究，推动学生在翻译领域的学术发展。此外，建立学术交流平台，鼓励学生与学者进行思想碰撞和学术合作，促进翻译教学与研究的相互促进。

（3）研究方面。教学应鼓励学生积极参与翻译相关的科研项目，培养学生的科研能力和创新意识。同时，建立与科研机构和实验室的合作关系，提供学生参与科研项目的机会，推动翻译教学与科研的有机结合。

通过产学研相融合的方式，数智化转型英语翻译教学模式能够更好地培养学生的实践能力、创新能力和研究能力，使他们能够适应快速变化的翻译行业，并为数字时代的翻译发展做出积极贡献。

4.持续学习和更新知识

数智化转型是一个不断发展和变化的领域。师生应该与时俱进，树立终身学习的观念，并提供途径让师生了解最新的技术和趋势。包括为教师提供专业培训，使其能够熟练运用数智化技术和资源进行教学，如智能教学平台的使用、教学设计和评估方法等。同时，为学生提供必要的支持和指导，帮助他们充分利用数智化转型英语翻译教学模式中的数字资源和工具。另外，还可以设立学习辅导、技术支持等机制，促进学生的学习效果。

第五章　数字时代英语翻译课堂评价模式创新

随着数字时代的到来，英语翻译教学模式的变化倒逼教师教育教学理念和评价模式发生变化。线上与线下课堂教学的衔接与整合，使翻译教学方法更关注学生的学习方式和创造性活动，教学目标更注重满足学生的个性化需求，评价方法更加注重过程性和匹配性，因此，英语翻译课堂评价模式也在不断创新与发展。本章将探讨数字时代下的英语翻译课堂评价模式创新，重点介绍基于学习性评价理论、云平台以及动态评价理论的三种不同评价模式。第一节将介绍基于学习性评价理论的数智化英语翻译课堂评价模式。这种评价模式通过运用学习性评价理论，以学生的学习过程和成长为核心，采用数字技术和智能化工具进行评价，实现了对学生学习情况的全面、客观、科学的评估。第二节我们将重点探讨基于云平台的英语翻译教学师生合作评价模式的优势和应用，以及它对学生翻译能力和合作精神的促进作用。通过利用微信、抖音、ChatGPT等新技术，评价者可以更加方便地对学生的翻译作品进行评价和反馈，提高评价的准确性和效率。动态评价理论强调评价的过程性和动态性，注重评价与教学的相互关联。在第三节中，我们将介绍基于动态评价理论的英语翻译课堂评价模式。在英语翻译课堂中，基于动态评价理论的评价模式能够更好地激发学生的学习动力和自主性，提高学习效果。本章将对这三种评价模式进行详细探讨，旨在为数字时代英语翻译课堂的评价提供新的思路和方法。

第一节 基于学习性评价理论的数智化英语翻译课堂评价模式

一、基于学习性评价理论的数智化英语翻译课堂评价理论框架

（一）学习性评价理论的适用性分析

学习性评价是在形成性评价基础上发展起来的评价方法。在国外，对形成性评价的研究始于20世纪60年代，并在80年代迎来了大规模发展。学习性评价则是在20世纪90年代后期在国外教育改革中兴起的一种全新的评价理论与方法。相比之下，我国在形成性评估方面的研究起步较晚，大部分研究发表于2003年之后。2005年，丁邦平教授引入"学习性评价"的概念，对我国形成性评估的发展产生了重要的影响。学习性评价理论包括以下核心理念：

其一，评价是有效教学活动中重要的组成部分，评价应融入教学的全过程。学习性评价认为评价不仅仅是对学生学习成果的检验，更重要的是对学生学习过程的了解和指导。评价应该贯穿教学的始终，帮助教师了解学生的学习情况，及时调整教学策略和方法。

其二，评价是教师专业成长中不可或缺的一环，是教师必备的专业素养之一。学习性评价认为教师应该具备评价学生学习的能力，能够准确地了解学生的学习需求和问题，并能够给予有效的反馈和指导。教师应该不断提升自己的评价能力，以促进学生的学习和发展。

其三，设定有效的学习目标和学业成就标准，重视给予学生及时且有价值的学习反馈。学习性评价强调学生的学习目标应该明确、具体，并与学业成就标准相对应。教师应该及时地对学生的学习状况进行评价，给予具体的反馈和指导，帮助学生了解自己的学习进展和不足。

其四，评价既要重视学生的认知发展，也要关注学生的学习动机。学习

性评价认为学习动机对学生的学习效果有重要影响，教师应该关注学生的学习动机，通过评价和反馈来激发学生的学习兴趣和动力，提高他们的学习积极性。

其五，教师在教学过程中应注重培养学生的自我评价和互评能力，引导学生掌握学习的方法和技巧。学习性评价强调学生的主动参与和自主学习，教师应该帮助学生发展自我评价和互相评价的能力，让他们学会如何评价自己的学习成果和学习过程，从而提高学习效果。

综上所述，学习性评价理论强调评价作为教学的必要组成部分，注重教师的专业发展，强调学习目标和学业成就标准的设定，关注学生的学习动机，以及发展学生的自我评价和互评能力。运用学习性评价理论研究课堂评价，可以将评价作为英语翻译课程教学改革中的有机组成部分。学习性评价理论提供了一个理论框架和实践指导，可以帮助教师设计和实施有效的课堂评价，促进学生的学习发展。

（二）基于学习性评价理论的数智化英语翻译课堂评价内涵

翻译课堂评价，即翻译课堂学习评价，是为了改善学生的翻译学习而进行的评价活动。它的主要目的是了解学生在课堂上的翻译学习状态和成果，并提供反馈。评价的重点是学生的翻译学习。结合第四章第一节中对"课堂评价的内涵"的阐述，英语翻译课堂评价的基本内涵包括以下三点：

其一，包含"作为价值判断的评价"和"作为问题解决的评价"，但重点在于"作为问题解决的评价"。英语翻译课堂评价不仅仅是对学生的翻译成果和学业情况进行测定和判断，更重要的是对学生学习状态的把握和改进。一方面，发现学生在翻译学习中遇到的问题，并提供相应的指导和支持，以帮助他们解决问题并提高翻译能力。这种评价注重的是学生的学习过程和学习策略，而不仅仅关注学生的翻译成果。另一方面，作为问题解决的评价可以帮助教师进行教学实践的调整和改进。通过了解学生的问题和困难，教师可以对自己的教学方法和教材进行反思，及时调整教学策略，提供更有效的教学支持，以促进学生的学习和进步。

其二，涉及"对教师教的反馈"和"对学生学的反馈"，但重点是对学生学习状态的反馈。英语翻译课堂评价在教学角度上的作用是对教学设计和教学过程进行反馈，以便指导教师进行后续的教学改进。通过评价，教师可以了解学生在英语翻译课堂上的学习情况，检验教学效果，发现存在的问题和不足，并及时进行调整和改进。从学生的角度来看，英语翻译课堂评价则是对他们学习状态的反馈。评价结果可以帮助学生了解自己在英语翻译学习中的表现和进步情况，从而更好地把握自己的学习进度和水平。同时，评价可以为学生提供支持和指导，帮助他们发现自己的不足并加以改进，提高翻译能力和技巧。

其三，包含"量化分析"和"质性分析"，而研究重点是质性分析。英语翻译课堂评价需要得到有意义有价值的信息，因此需要重视对学生的翻译学习表现信息进行充分解释，而不仅仅关注数据。由于对每个学生翻译学习状况的分析与解释是主观性的，因此进行质性研究尤为重要。在翻译课堂质性研究中，可以采用基于现场教师的经验性叙事解释法和基于研究者的经验科学现象解释法进行分析。这些方法可以帮助研究者深入理解学生的学习情况，并提供有关学生表现的详细描述和解释。

（三）基于学习性评价理论的数智化英语翻译课堂评价功能

基于学习性评价理论的英语翻译课堂评价功能主要包括教师评价和学生评价两个方面。从教师的角度来看，基于学习性评价理论的英语翻译课堂评价功能主要有以下几个方面：

其一，确认学生的学习成果。通过评价，教师可以确认学生在翻译技能和翻译理解方面的学习成果，了解学生在翻译过程中的表达准确性、语言流畅性、译文质量等方面的表现，从而判断学生的翻译能力水平。

其二，把握学生的学习目标达成度。通过评价，教师可以了解学生是否达到预设的学习目标，判断学生是否理解翻译任务的要求，是否能够准确传达原文的意思，是否能够运用所学的翻译技巧和策略进行翻译。

其三，诊断学生学习上的困难和问题。通过评价，教师发现学生在翻译过程中遇到的困难和问题，分析学生在语言、文化、专业知识等方面的翻译难点，进而针对性地提供指导和帮助，帮助学生克服困难，提高翻译能力。

其四，确定改进策略。通过评价，教师可以确定改进策略，针对学生的不足提供具体的建议和指导，发现学生在翻译过程中的常见错误和问题，进而提供相应的反馈和建议，帮助学生改进翻译技能，提高翻译质量。

从学生的角度来看，基于学习性评价理论的英语翻译课堂评价功能主要有以下几个方面：

其一，提高自我评价能力。通过评价，学生可以对自己的翻译能力进行自我评估，发现自己在翻译过程中的不足和问题，进而形成自我认知，明确改进的方向和目标。

其二，培养元认知能力。通过评价，学生可以培养元认知能力，即对自己的学习过程和学习策略进行反思和调整的能力，有助于意识到自己在翻译过程中的认知和情感状态，进而调整自己的学习策略，提高学习效果。

其三，进行合作评价。学生可以相互评价对方的翻译作品，通过互相交流和讨论，提供反馈和建议。通过合作评价，学生可以从不同的角度和观点来评价翻译作品，获得多样化的反馈，进一步提高自己的翻译能力。

其四，培养反馈接受能力。学生通过接受教师和同学的评价反馈，可以培养接受反馈的能力。通过评价反馈，学生可以了解自己的优势和不足，接受他人的建议和指导，进一步改进自己的翻译技能。

综上所述，基于学习性评价理论的英语翻译课堂评价功能可以从教师和学生两个角度来理解，既包括教师通过评价了解学生学习情况和改进教学策略的基础性功能，也包括学生通过自我评价实现元认知和自我教育的深层次功能。

二、基于学习性评价理论的数智化英语翻译课堂评价模式构建的基本原则

（一）学习性评价的原则

英国评价改革小组 ARG（Assessment Reform Group）于2002年提出了学习性评价的10个原则（Assessment for Learning：10 Principles），这些原则旨在引领教育者和评估者在评价学生学习过程和成果时采用更为全面和有益的方法。

1.学习性评价是有效教学计划和学习计划中必不可少的一部分。教师应该制订评价计划，以便学生和教师能够获取和应用与学习目标相关的信息。这样，学生就能够清楚地理解他们所追求的目标和评价标准。在该计划中，

需要考虑学生如何获得反馈、如何参与评价自己的学习以及教师如何帮助他们取得进步等方面的内容。

2. 关注学生如何学。当设计评价和获取评价结果时，教师和学生都应该重点关注学习的过程。学生应该不仅关注学什么，还应该关注如何学。

3. 学习性评价是课堂实践的中心。教师和学生在课堂上进行的各种活动都可以被视为评价的一部分。通过课堂任务和提问，学习者有机会展示他们所掌握的知识和技能。教师通过观察和解读学生的言行来判断如何提高他们的学习效果。

4. 学习性评价是一项至关重要的职业技能。教师需要具备观察学生的学习过程、分析和解释学习结果的能力，并能提供有针对性的反馈。

5. 提供有"温度"和对学生有促进作用的反馈，因为任何评价都会对学生的情感产生影响。教师应该意识到评语、标记和分数对学生自信心和热情的影响，并且在给予反馈时尽可能具有促进作用。注重作品而非个人的评论对学习和动力都更有促进作用。

6. 学习性评价关注考虑学习动机的重要性。鼓励性的学习评价通过强调进步和成就，从而促进动力。通过保护学习者的自主权、提供选择和促进作用的反馈，并创造自我指导、自我改进的机会，可以增强学生的学习动力。

7. 促进学习目标的达成和明确评价标准。为了有效地进行学习，学习者需要理解他们试图实现什么目标和希望实现什么目标。只有当学习者参与决定学习目标并确定评价进展的标准时，目标才能更容易实现。与学生沟通评价标准包括使用他们可以理解的术语与他们讨论、提供实践中如何满足这些标准的示例，并让学习者参与到同伴和自我评估中。

8. 学生应该得到关于如何提高的建设性指导。学生需要获得有效的信息和指导，以便规划他们学习的下一步。教师应该确定学生的优势并就如何发展这些优势提出建议，针对弱点提出解决方法，为学习者提供改进自己表现的机会。

9. 学习性评价要求培养学生的自我评估能力，使他们成为善于反思和自我管理的独立学习者，能够主动寻求并获得新的技能、新的知识和新的理解。他们能够进行自我反思，并确定下一步的学习方向。

10. 学习性评价认可所有学习者的全部成就。鼓励学生的全面发展，尊重学生的个性化，争取所有的学生都能做到最好，让他们的努力都能得到认可。

（二）模式构建的基本原则

基于学习性评价理论的数智化英语翻译课堂评价模式可以参考英国评价改革小组 ARG 提出的学习性评价的原则，该模式的基本原则归纳如下：

1. 明确评价目标。明确评价目标是数智化英语翻译课堂评价模式的重要原则之一。在设计评价模式时，教师应该明确评价的目标和标准，让学生清楚知道他们需要达到的要求。这样可以帮助学生更好地理解学习目标，并有针对性地进行学习和提高。同时，明确目标可以帮助教师更好地设计评价方式和提供有针对性的反馈和指导。在数智化英语翻译课堂中，评价目标可以包括以下几个方面。①翻译技能。评价学生的翻译技能，包括准确性、流畅性、语言运用等方面。②跨文化意识。评价学生的跨文化意识和敏感度，包括对不同文化背景和价值观的理解和应用能力。③信息处理能力。评价学生的信息处理能力，包括对原文和目标文本的理解和分析能力，以及对翻译过程中的问题进行解决的能力。④合作与沟通能力。评价学生的合作与沟通能力，包括与他人合作完成翻译任务的能力，以及与客户、同行进行有效沟通的能力。⑤自主学习能力。评价学生的自主学习能力，包括对自己学习进展的反思和调整能力，以及对学习资源的有效利用能力。

2. 强调持续性和积极性。基于学习性评价理论的数智化英语翻译课堂评价模式中，评价应该是持续性的，关注学生的学习过程和进步，而不仅仅关注最终结果。这意味着评价不仅仅关注学生最后提交的翻译作品，还要关注学生在学习过程中的努力和成长。评价的重点应该放在学生的学习策略、思维能力、问题解决能力等方面，以帮助他们不断提升自己的翻译技能。同时，评价应该鼓励学生的积极参与和主动学习。这可以通过提供及时反馈、鼓励学生分享自己的想法和经验、促进学生之间的合作与互动等方式来实现。评价应该激发学生的学习动力，让他们感到自己的努力和参与是被重视和认可的，从而激发他们更深入地参与到课堂学习中。

3. 个性化评价。基于学习性评价理论的数智化英语翻译课堂评价模式应该充分考虑学生的个体差异，尊重学生的兴趣和特长，鼓励学生在翻译实践中发挥个人优势。个性化评价能够更好地满足学生的学习需求，并激发他们的学习潜力。个性化评价可以通过以下方式实现。①灵活的评价方式。采用多样化的评价方式,包括翻译作业、翻译报告、小组合作等,以满足不同学生的学习需求和喜好。②引导学生发现兴趣。鼓励学生在翻译实践中探索自己的兴趣和特长。教师可以提供不同主题或领域的翻译任务,让学生选择他们感兴趣的内容进行翻译,从而增强学习的主动性和积极性。③个体化反馈。给予学生具体而个性化的反馈,帮助他们发现自己的优势和改进的空间。教师可以针对每个学生的翻译作品进行评价,并提供具体的建议和指导,以促进他们的个人成长。

4. 提供具体反馈。基于学习性评价理论的数智化英语翻译课堂评价模式应该提供具体和有针对性的反馈,让学生可以更清楚地了解自己的优点和不足,从而更好地调整学习策略和提高翻译能力。以下是一些提供具体反馈的方法。①强调优点:评价时要注意强调学生的优点和成功之处。这样可以增强学生的自信心,并鼓励他们在这些方面继续努力。②指出改进的地方。评价时要具体指出学生需要改进的地方。可以提供具体的例子和建议,帮助学生理解问题所在,并提供解决问题的方法。③鼓励自我评价。鼓励学生进行自我评价,让他们思考自己的翻译作品中存在的问题和不足。这样可以帮助他们更好地认识自己,并主动寻找改进的方法。④提供具体的练习和指导。评价后,可以为学生提供具体的练习和指导,帮助他们改进翻译能力。可以提供相关的练习材料,或者推荐一些学习资源和工具,让学生有针对性地进行练习和提高。

5. 鼓励自我评价和互评。基于学习性评价理论的数智化英语翻译课堂评价模式应该鼓励学生进行自我评价和互相评价,让学生学会分析和评价自己的翻译能力,并从他人的反馈中获得启发和提高。首先,自我评价对学生的发展至关重要。通过自我评价,学生可以反思自己的翻译过程和结果,发现自己的优点和不足之处。这有助于学生认识到自己在翻译中的问题和挑战,并制订相应的改进计划。自我评价还可以激发学生的学习动力,因为他们能够看到自己的进步并对自己的能力感到自信。其次,互相评价是非常有价值的。通过互相评价,学生可以从不同的角度和观点来审视自己的翻译作品。他们可以分享彼此的经验和技巧,学习其他同学的翻译方法和策略。互相评价可以促进学生之间的合作和学习,提高他们的翻译能力和水平。最后,从他人的反馈中获得启发和提高是非常重要的。当学生接受他人的评价和反馈时，他们可以从中获得新的见解和启发。他人的反馈可以帮助学生发现自己在翻译中可能存在的问题和盲点，并提供新的思路和方法。通过接受他人的反馈，学生可以不断调整和改进自己的翻译策略，提高翻译的准确性和流畅度。

6. 促进学习和全面发展。基于学习性评价理论的数智化英语翻译课堂评价应该鼓励和帮助学生在翻译能力的各个方面不断学习和进步，包括培养数字时代大学生所需具备的批判性思维、创新能力、科学素养和信息素养。首先，评价应该强调学生的努力和积极学习的态度，关注学生的学习动机。通过肯定学生的努力，他们会感到被认可和鼓励，从而更有动力去继续学习和进步。评价应该帮助学生建立自信心，相信自己的能力和潜力。通过肯定学生的成就和进步，评价可以帮助他们相信自己可以不断提高，并取得更好的成绩。以下是一些可以促进学生全面发展翻译能力的评价方法。①鼓励批判性思维。评价应该鼓励学生思考翻译中的问题，并提供他们解决问题的机会。通过提出有挑战性的问题，评价可以帮助学生培养批判性思维能力，从而提高他们的翻译质量和准确性。②促进创新能力。评价应该鼓励学生在翻译中展现创新和创造力。翻译并不仅仅是简单的转换语言，而是涉及将原文的意思传达给另一个文化背景的读者。评价可以通过鼓励学生寻找新的翻译方法和策略来促进他们的创新能力。③强调科学素养。评价应该关注学生对科学知识的理解和运用。翻译不仅仅是语言的转换，还涉及对特定领域的科学知识的理解和应用。评价可以通过考查学生对科学概念的准确理解和正确运用来促进他们的科学素养。④培养信息素养。评价应该帮助学生培养信息获取、评估和利用的能力。翻译过程中，学生需要收集和评估各种信息，并将其应用到翻译中。评价可以通过考查学生在翻译过程中如何获取和利用信息来促进他们的信息素养。

三、数智化英语翻译课堂评价维度

构建数智化课堂评价模式的关键在于明确数智化课堂评价维度，并参照评价维度制定评价标准和方案，通过评价反馈改进课堂教学和学生的学习。为了实现数智化课堂的成功，我们需要借助数智化的学习环境、个性化的自主学习、专业化的教师、优质化的线上资源、促进深度学习的课堂活动以及数智驱动的线上线下教学来实现。只有这些因素共同作用，才能够构建出一个真正意义上的数智化英语翻译课堂评价模式。

（一）数智化的学习环境

数智化的学习环境是利用数智化技术创造的学习时空环境，旨在充分发展学生的智慧能力。它通过模拟现实世界的工作和社会环境，为学生打造更灵活的学习空间，培养学生适应未来工作的能力。数智化的学习环境是数智化课堂教学的基础。

数智化的学习环境可以通过数智教学系统/平台来实现。这个平台可以精准地获得学生学习过程的数据，并根据学生的学习目标和学习方式进行即时调节的数智交互。通过创造教师、学生和平台之间的实时交互环境，可以实时追踪学生学习的进展和学习效果。同时，通过在线互动学习，学生可以立即应用所学知识，从而促进个体之间的合作创新和互相受益。

在数智化学习环境中，教师可以利用后台的统计数据来调整教学计划、改进教学方法以及创造创新的课堂文化。评价数智化的学习环境的效果不仅需要考虑数智化教学系统平台的应用程度、实时交互水平和数智终端等外部因素，还需要考虑学生内部的学习氛围，即学习环境是否能够激发学生更积极地参与学习任务并激发他们的主动思考。

（二）个性化的自主学习

个性化的自主学习是数智化英语翻译课堂评价维度中的一个重要维度。学习性评价的核心目标在于帮助学生提升翻译的学业水平。为了达到这个目标，评价学生的自主学习能力变得尤为关键。在这个维度下，自主学习能力的评价主要关注学生是否能够有效地利用反馈信息来提高他们的翻译学业水平，同时关注学生在翻译学习过程中的个性化学习能力和自主学习能力。

个性化的自主学习强调学生根据自身的特点和需求，选择适合自己的翻译学习方法和策略。在数智化翻译课堂中，个性化的自主学习维度可以通过以下方式进行评价考察。①学生是否能够根据自身的翻译学习需求，设定明确的学习目标，并能够制订相应的学习计划。②学生是否能够主动探索翻译学习资源，如教材、参考书籍、网络资源等，以支持自主学习。③评价学生是否能够在学习过程中进行反思和调整，根据自身的学习效果和反馈，优化学习策略和方法。④学生是否能够独立完成学习任务，并能够有效地展示学习成果，如翻译作品、口头报告等，以提高学生的自我监督、自我评价和创造性思维能力。⑤学生在翻译学习过程中是否能够根据自身的学习风格和学习偏好进行调整和优化，以提高学习效果和学习成果。

通过对个性化自主学习维度的评价，可以激发学生的主动学习和自主发展的能力，培养他们的学习动力和学习能力，从而提高翻译课堂的教学效果。教师可以利用后台的大数据分析学生个人或群体的学习行为，以便灵活调整和改进教学内容和方法。同时，学生可以享受到教师推送的多样化网络学习资源，可以根据自己的学习情况自主决定学习的进度，并制订个性化的学习计划。这样的学习方式可以更好地满足学生的需求，提高学习效果。

（三）专业化的教师团队

基于学习性评价理论，对专业化教师团队的评价也是数智化英语翻译课堂评价维度中一个重要的维度。这一维度强调了教师在数智化英语翻译课堂中的专业知识和能力。专业化教师在数智化英语翻译课堂中具有以下特点和能力。①翻译专业知识。专业化教师团队应该具备扎实的翻译理论知识和实践经验，能够深入了解翻译的各个方面，包括翻译技巧、翻译流程和翻译工具的应用等。②数字技术能力。专业化教师团队应该具备良好的数字技术能力，能够熟练操作翻译软件和其他相关工具，如机器翻译系统、术语管理工具等。他们应该了解数字技术在翻译过程中的应用，能够指导学生正确使用这些工具。③教学经验和能力。专业化教师团队应该具备丰富的教学经验和教学能力，能够设计和组织有效的数智化翻译课堂教学活动。他们应该能够灵活运用不同的教学方法和策略，以满足学生的学习需求。④反馈能力。教师需要具备使用大数据观察学生的学习过程、分析和解释学习结果的能力，即教师能够有效利用学生的学习数据进行推理和分析并做出教学决策，形成数据智慧，并能提供有针对性的反馈。⑤学术研究能力。专业化教师应该具备一定的学术研究能力，能够关注翻译领域的最新发展和研究成果，并将其应用到教学实践中。他们应该能够指导学生进行相关的研究和项目，培养学生的科研能力。

专业化教师在数智化英语翻译课堂中扮演着重要的角色，他们能够帮助学生建立扎实的翻译基础，提高数字技术应用能力，并培养学生的创新思维和问题解决能力。他们的专业知识和能力能够推动数智化翻译教育的发展，促进学生在翻译领域的专业成长。

（四）优质化的线上资源

优质化的线上资源是数智化英语翻译课堂评价维度中的一个重要方面。在数智化英语翻译课堂中，优质化的线上资源是指能够提供高质量学习内容和支持学生学习的在线资源。对优质化的线上资源进行评价可以包括以下几个方面。①学习资料。线上资源是否提供丰富、准确、权威的翻译学习资料。这些资料应该能够满足学生的翻译学习需求，帮助他们理解和掌握翻译知识和技能。②多媒体教学资源。线上资源是否包括视频、音频、图片等多媒体教学资源，且通过多种形式呈现翻译学习内容，帮助学生更好地理解和记忆翻译的知识点。这些资源应该具有清晰、流畅、高清的特点，以便学生能够清楚地观看和听取。③互动学习工具。线上资源是否提供各种互动学习工具，如在线测试、练习题、模拟翻译等，帮助学生巩固和应用所学知识。这些工具应该具有多样性和灵活性，能够适应不同学生的学习需求。④学习支持平台。线上资源是否提供翻译学习支持平台，如在线讨论区、学习社区等，学生可以在这些平台上与老师和同学进行交流和讨论，分享学习心得和经验。这些平台应该提供良好的用户体验，方便学生进行学习和交流。⑤预期教学目标。是否符合学生的学习认知和心理特征，能够激发学生的翻译学习动机，注重对学生思维的引导、启发和锻炼，实现预期的教学目标和教学效果。

通过提供优质化的线上资源，数智化英语翻译课堂可以更好地满足学生的学习需求，提高教学效果，促进学生的学习动力和积极性。另外，这也是数智化英语翻译课堂评价的一个重要维度，可以通过评估线上资源的质量和有效性来评价课堂的教学效果。

（五）促进深度学习的课堂活动

在数智化英语翻译课堂评价维度中，数智驱动的课堂活动是指通过运用数智化技术和工具，促进学生在翻译学习过程中的主动参与和深度思考。这些活动旨在培养学生的逻辑思维、信息获取和处理能力，以及数据分析和解决问题的能力。数智驱动的课堂活动可以从以下几个方面进行评价。①学生参与度。英语翻译课堂活动是否具有探究性的主题，是否能够激发学生的兴趣和主动性，使他们更积极地参与学习过程。评价时需要考查学生在探究过程中的参与度，包括提出问题、展开讨论、进行翻译实践等。②深度与广度。英语翻译课堂活动是否能够引导学生进行深入的思考和研究，同时涵盖广泛的知识领域。评价时需要考查学生对主题的理解和掌握程度，以及他们对相关知识的探索和应用能力。③批判性思维。英语翻译课堂活动是否能够培养学生的批判性思维能力，使他们能够分析和评估不同观点和证据。评价时需要考查学生对问题的分析和评价能力，以及他们对信息的筛选和判断能力。④合作与交流。英语翻译课堂活动是否鼓励学生进行合作学习和交流，促进彼此之间的互动和合作。评价时需要考查学生在团队合作中的贡献和沟通能力，以及他们对他人观点的尊重和接纳能力。⑤创新与应用。英语翻译课堂活动是否能够激发学生的创新思维和实践能力，使他们能够将所学知识应用到实际情境中。评价时需要考查学生对问题的创新解决方案和实践成果，以及他们对知识的灵活运用能力。

通过设计和开展促进深度学习课堂活动，学生能够更深入地理解翻译问题的本质和挑战，提高自己的翻译能力和创新思维水平。同时，他们能够培养数据分析和解决问题的能力，适应数字化时代对翻译专业人才的需求。

（六）数智驱动的线上线下教学

数智驱动的线上线下教学是指在英语翻译课堂中运用数智化技术和工具，以促进学生的学习和评价过程。它是数智化英语翻译课堂评价的重要组成部分，通过利用数智化技术和工具，可以提供更加个性化和精准的教学和评价方式。数智驱动的线上线下教学评价具有以下特点。①提供灵活性和便利性。数智驱动的线上线下教学可以根据学生的需求和时间安排，提供更加灵活和便利的学习方式。学生在任何时间和地点进行学习，无需受到时间和空间的限制。②个性化教学和评价。通过数智化工具和平台，教师可以根据学生的学习情况和需求，提供个性化的教学和评价。学生可以根据自己的翻译学习进度和能力，选择适合自己的学习资源和学习方式，从而更好地提高学习效果。③提供模拟情境和实践机会。数智驱动的线上线下教学可以通过虚拟空间和模拟情境，为学生提供翻译实践机会。学生可以进行真实的翻译练习和实践，从而提高实际操作能力和应对实际情境的能力。④数据驱动的反馈和评价。利用数据分析和学习分析技术，对学生的翻译作品进行评价和反馈。通过分析学生的翻译过程和结果，教师可以更加客观地评估学生的翻译能力，并给予针对性的指导和建议。

数智驱动的线上线下教学在数智化英语翻译课堂评价中具有重要的意义。它通过提供灵活性和便利性、个性化教学和评价、实践机会和模拟情境以及及时反馈和评价等优点，促进学生的翻译能力和学习效果的提升。

四、基于学习性评价理论的数智化英语翻译课堂评价模式构建

数智化英语翻译课堂旨在利用数智技术培养全面发展的翻译人才，促进学生核心素养的发展。根据学习性评价理论，数智化英语翻译课堂评价分为学习评价、教学评价和学习环境评价三个层面，其中，学习评价可以从进步性评价和发展性评价两个方面进行论述。学习评价主要关注学生的学习成果和学习过程，通过考试、作业和项目等方式来评估学生的翻译能力和知识掌握程度。教学评价则着重评价教师的教学效果和教学方法的有效性，以确保翻译教学过程能够最大限度地促进学生的学习。学习环境评价则关注课堂氛围和资源支持等方面，以提供一个良好的学习环境，促进学生的翻译学习积极性和主动性。

通过综合评价这三个层面，数智化英语翻译课堂能够全面了解学生的翻译学习情况和教学效果，为进一步改进英语翻译教学提供有力的依据。同时，这种评价方式能够激发学生的学习动力，培养他们的自主学习能力和批判性思维能力。因此，数智化英语翻译课堂的评价体系是一个相对完善和科学的体系，能够有效促进学生核心素养的发展。

（一）学习评价

1.进步性评价

进步性评价主要关注数智化英语翻译课堂对学生在翻译学习成就、学习动机、学习参与、学习互动等方面的影响。其中，学业成就是评价数智化课堂的一个重要指标。通过数智化英语翻译课堂的实践，评价学生在翻译方面的学习状态、学业成绩、实践能力、自主学习是否得到提升，以及教师的反馈是否能够帮助学生提高学业水平，反馈是否能够促进深度思考等，都是值得关注的评价点。

在进步性评价中，可以考查学生在翻译学习成就方面的进步情况，具体包括评估学生在翻译策略、翻译技巧、词汇运用、语法准确性、语言风格等方面的提升程度。首先，通过对学生翻译作业、翻译测试成绩、翻译项目以及其他评估方式的分析，可以了解学生在翻译学习中的成绩变化和进步情况。其次，学习动机是评价的重要指标之一。通过观察学生在数智化英语翻译课堂中的学习态度和动机，可以了解他们对翻译学习的兴趣和投入程度。这里的学习动机可以细化到学生在翻译学习过程中的内在驱动力和目标导向。它反映了学生对于翻译学习的渴望和追求，以及他们对取得优秀的翻译成绩和提升自身翻译能力的愿望。学习动机的高低直接影响着学生的学习表现和学习成果。因此，在评价学生的翻译学习情况时，必须考虑到他们的学习动机。最后，学习参与和学习互动是评价学生学习效果的重要指标。学习参与包括学生在英语翻译课堂活动上的积极参与程度和主动性，如主动回答问题、提出观点、参与小组讨论、翻译汇报等。学习互动是指学生与老师和同学之间线上线下的交流和合作情况，如互相讨论、合作完成任务等。在数智化学习环境中，学生之间的互动明显增多。数智技术的应用使得学生在课堂之外也能进行互动，并且互动的对象更加广泛。除了师生之间的互动，学生还可以与同学以及学习内容进行互动。学习互动对促进同伴合作、增强个体责任感、培养自我监督意识以及提高自我评价和同伴评价的能力都有很大的帮助。通过观察学生在数智化英语翻译课堂中的学习参与和互动情况，可以更全面评估他们在翻译学习中的积极参与程度和合作能力。

值得一提的是，在进步性评价中，我们应该关注个体的成长和对知识的掌握程度，重点强调学生在翻译学习过程中所付出的努力。教师在开始评估之前，可以帮助学生建立自我参照目标，这样学生就可以通过同伴互评和自我评价的方式来不断缩小当前水平与目标水平之间的差距。

2. 发展性评价

传统英语翻译课堂的终结性评价主要侧重对学生的信息记忆和应试能力的考查。通常通过翻译考试或测验来衡量学生对翻译知识的掌握程度。然而，随着教育理念的不断发展，数智化英语翻译课堂的学习性评价更加注重培养学生在翻译方面的综合能力。这种评价着重考查学生的问题提出能力、问题解决能力、应用能力、推理能力、创新能力和创造能力。通过这种评价方法，教师可以更全面地了解学生的学习情况，促进学生的全面发展。

发展性评价中强调目标定向和自我认知，是学习评价重要的一部分。目标定向是指评价过程中要明确学生的学习目标和发展方向，使学生能够明确自己的学习目标，并为之努力奋斗。自我认知则是指学生对自己的认知能力和学习态度进行反思和评估。发展性评价不仅仅关注学生的学业成绩，还注重学生的沟通合作能力、创新能力、批判性思维、自我管理和自我监督的意识，以及自评与互评的能力等等。沟通合作能力是指学生在团队合作中的表现，包括与他人的有效沟通和协作能力。创新能力是指学生在解决问题和面对挑战时的创造性思维和创新意识。批判性思维是指学生对信息的分析和评估能力，以及对问题的思考和解决能力。自我管理和自我监督的意识是指学生能够自觉地管理和监督自己的学习行为和学习过程。自评与互评的能力是指学生能够客观地评价自己的学习成果，并能够给予他人有建设性的评价。

发展性评价强调学生的全面发展和提升核心素质。通过目标定向和自我认知，可以帮助学生更好地认识自己，明确学习目标，并培养学生良好的沟通合作能力、创新能力、批判性思维、自我管理和自我监督的意识，以及自评与互评的能力。教师可以更精准地指导学生的翻译职业发展，帮助他们发现自己的优势和不足，并通过反思和改进来提升自己的翻译能力。这将有助于学生更有动力地追求进步和发展，实现全面的发展。

（二）教学评价

在数智化教学的时代，教学评价主要是对教师专业知识、专业技能和专业素质的考量。首先，翻译教师需要拥有丰富的知识储备，不仅要具备扎实的翻译学科知识，还要深入了解翻译教学中新技术和新方法的应用。教师应该积极尝试在英语翻译教学中使用新技术，如数智化在线教学平台、教学软件等，以提高翻译教学效果和学生的参与度。另外，教师还需要具备良好的信息素养，能够从互联网中获取未知的知识和有用的资源。教师可以利用互联网搜索引擎、在线教育平台等工具，获取翻译教学所需的教材、课件、教学视频等资源，以丰富翻译教学内容。

其次，教师应具备丰富的教学经验和教学能力，能够设计和组织有效的数智化英语翻译课堂教学活动，能够灵活运用不同的教学方法和策略，以满足学生的学习需求。教师需要拥有良好的交际能力，能够与学生进行有效的沟通和交流，及时了解学生的翻译学习情况，促进学生的发展。

最后，数字时代要求翻译教师具备终身学习的意识，不断参加翻译专业相关的知识和技能培训，与时俱进，提高自身的翻译教学水平。另外，教师还应建设教学创新团队，与其他教师共同设计和建设线上学习资源和线下课堂活动，实现真正的资源共享。教师需要具备使用大数据的能力，能够有效利用学生的学习数据进行推理和分析，并做出教学决策，以改进教学效果。

综上所述，教师在数字时代不仅需要具备丰富的知识储备和科研能力，还需要具备信息化素养、良好的交际能力、终身学习的意识、教学创新能力和使用大数据的能力，以提高教学质量和学生的学习效果。

（三）学习环境评价

学习环境评价是数智化英语翻译课堂评价模式中重要的组成部分。评价数智化英语翻译课堂学习环境的要素包括以下几个方面。其一，数智教学系统/平台的界面设计是否友好。数智教学系统/平台的界面设计只有简洁明了，易于操作，符合数字时代学生的使用习惯，才能够吸引学生的注意力，提高翻译学习的积极性和主动性。其二，网络环境是否流畅。数智化英语翻译课堂的顺利开展需要依赖网络进行信息传递和交流，因此网络的稳定性和流畅性对学习效果至关重要。如果网络不稳定或速度较慢，就会影响学生的学习体验和效果。其三，翻译课堂文化是否健康文明、积极向上。数智化英语翻译课堂的文化氛围应该是鼓励学生互相尊重、支持和合作。学生应该感受到学习的乐趣，愿意积极参与课堂活动，并且能够在学习中体验到成就感和自信心。其四，数智教学系统/平台是否能够精准地获得学生翻译学习过程的数据，并根据学生的学习目标和学习方式进行即时调节的数智交互。其五，教师是否具备良好的数字素养，能够驾驭数智化英语翻译课堂的变化，能够熟练操作数智英语翻译课堂的各种工具和功能，灵活运用技术手段进行教学。教师的信息技术水平将直接影响到学生的学习效果和学习体验。

五、基于学习性评价理论的数智化英语翻译课堂评价模式的特点

基于学习性评价理论的数智化英语翻译课堂评价模式主要体现了评价内容多样化、评价方式过程化、评价标准精准化和评价主体多元化等特点。

（一）评价内容多样化

基于学习性评价理论的数智化英语翻译课堂评价模式不仅关注学生的翻译知识掌握，还包括技能运用、思维能力、合作能力等方面。这样的评价内容多样性可以更全面地了解学生的翻译学习情况，而不仅仅局限于翻译知识的传授和记忆。通过评价学生的技能运用能力，可以了解他们在实际应用中的表现；通过评价学生的思维能力，可以了解他们的分析、推理和创新能力；通过评价学生的合作能力，可以了解他们在团队合作中的贡献和表现。此外，数智化英语翻译课堂的评价内容包括线上自主学习和线下课堂教学的所有学习过程、学习数据和学习成果。教师可以根据线上线下的学习活动设立评价维度和评价标准。为了更好地分析数据，教师不仅需要评价显性的数据，还需要深入挖掘学生的学习动机、学习态度和学习风格、教师的教学风格等隐性数据。通过综合评价不同方面的内容，可以更准确地了解学生的翻译学习情况，为他们提供有针对性的指导和支持。

（二）评价方式过程化

基于学习性评价理论的数智化英语翻译课堂评价模式注重评价方式过程化。它强调观察学生在英语翻译学习过程中的表现和变化，以更准确地评价学生的翻译学习情况。相比仅仅关注学习结果的评价方式，过程化评价更加

细致和全面,它通过对学生的翻译学习行为和学习方式进行细致的观察和分析,做出及时反馈,并给予相应的指导和支持。通过过程化的评价,教师不但可以及时对学生的翻译学习进行评估和干预,还可以根据学生的需求,精准地推送学习资源。教师不但可以了解学生的学习进展,并预测其学习发展趋势。这样一来,教师可以及时调整教学方法和内容,以适应学生的学习需求,提高学习效果。此外,过程化评价也能够激发学生的学习动力,因为他们知道自己的努力和表现会被认真观察与评价,从而推进学生的全面发展和进步。

(三)评价标准精准化

基于学习性评价理论的数智化英语翻译课堂评价模式要求评价标准具体明确,课堂评价由不同的维度组成,具体包括对学生的学习评价、教学评价、学习环境评价等,能够更加准确地衡量学生的翻译学习成果。评价标准与翻译学习目标的匹配是确保数智化英语翻译课堂评价精准化的重要因素。学习目标是教学活动的核心,评价标准应该与翻译学习目标相一致。这样可以确保评价的内容和要求与学生需要达到的目标一致,从而更准确地反映学生的学习成果。另外,评价标准的精准化还体现在能够区分不同水平的学生。这意味着评价标准应该能够识别出学生的不同表现水平,从而为他们提供个性化的指导和支持。通过区分不同水平的学生,可以更好地了解他们的翻译学习情况,有针对性地提供相应的教学和辅导。

(四)评价主体多元化

基于学习性评价理论的数智化英语翻译课堂评价模式体现了评价主体的多元化。传统的评价模式通常由教师单方面进行评价,而在数智化英语翻译课堂评价模式中,评价主体包括教师、学生以及其他相关参与者。首先,教师在评价中扮演着重要的角色,他们负责制定评价标准、提供反馈和指导,以及对学生的表现进行评估。教师的评价是基于专业知识和经验的,能够在翻译方面为学生提供准确的评价和建议。其次,学生是评价的主体之一。他们需要参与自我评价和同伴评价的过程,通过反思和总结自己的翻译学习情况,改进和调整自己的翻译学习策略。学生的参与可以增强他们的主动性和学习动力,同时也能够促进他们对自己学习成果的认知和理解。再次,其他相关参与者可以成为评价的主体,如行业专家、学者、雇主或者其他学科教师。他们可以提供专业的意见和建议,从不同的角度对学生的翻译表现进行评价,帮助学生更好地了解自己的优势和不足。评价主体的多元化使得评价更加全面和客观,能够更好地反映学生的真实水平和潜力。最后,它能够促进学生的自主学习和合作学习,激发学生的翻译学习兴趣和动力,提高翻译学习效果和质量。

综上所述,基于学习性评价理论的数智化英语翻译课堂评价模式的特点包括评价内容多样化、评价方式过程化、评价标准精准化和评价主体多元化。这些特点有助于提高数智化英语翻译课堂评价的准确性和有效性,促进学生的翻译学习和发展。

第二节 基于云平台的英语翻译教学师生合作评价模式

随着信息技术的迅猛发展和云平台的兴起,外语学者与一线教师开始探索如何利用云平台进行英语翻译教学评价模式的创新与改进。"云"时代背景下,基于云平台的英语翻译教学师生合作评价模式应运而生。这一教学模式旨在通过充分利用云平台的优势,促进师生之间的合作与互动,提升英语翻译教学的效果和质量。

本节将重点探讨基于云平台的英语翻译教学师生合作评价模式的优势和应用,以及它对学生翻译能力和合作精神的促进作用。我们通过分析云平台技术在英语翻译教学中的应用,进而探讨如何利用云平台的协作工具、资源共享功能和在线评价系统来实现师生之间的有效合作评价。通过引入云平台,师生可以在虚拟环境中进行实时的协作和评价,不受时间和地域的限制,实现数智技术与高校英语翻译教学评价的深度融合。

一、云平台在英语翻译教学中应用的必要性

（一）云平台与教育云平台的关系

云计算平台简称云平台、云系统。云平台和教育云平台是两个相互关联的概念，可以相互支持和补充。

云平台是指基于云计算技术构建的一种计算资源和服务提供模式，通过互联网提供各种计算、存储和网络资源，以满足用户的需求。云平台提供了灵活、可扩展、高可用的计算环境，使用户能够根据需要快速获取和释放资源，实现按需使用和付费模式。

教育云平台是在云平台基础上专门为教育领域设计和开发的一种云服务平台。教育云平台可以以教育教学为核心，提供一系列教育相关的应用和服务，包括在线课程、学习管理系统、作业批改、资源共享等。教育云平台通过云计算技术，为教育机构、教师和学生提供了更便捷、高效的教学环境和学习工具。

云平台可以为教育云平台提供基础设施和技术支持，包括弹性计算资源、存储服务、网络连接等。教育云平台利用云平台的基础设施和服务，构建适合教育领域的应用和解决方案，满足教育行业的特殊需求。

教育云平台可以借助云平台的优势，实现教育资源的共享、教学过程的数字化、学习环境的个性化定制等目标。同时，云平台的灵活性和可扩展性为教育云平台提供了更高的可用性和可靠性，保证了教育教学的持续进行。

因此，云平台和教育云平台是相辅相成的，云平台为教育云平台提供了技术基础和支持，而教育云平台则利用云平台的优势，为教育行业提供了更高效、便捷的教学和学习环境。

（二）教育云平台的特点

教育云平台整合了教育资源、教学工具、学习管理系统和在线学习环境等教育相关的功能，为教师、学生和教育机构提供了一个全面的教育解决方案。教育云平台有如下特点：

第一，灵活性和可扩展性。教育云平台基于云计算技术，可以根据教育

机构的需求进行灵活定制和扩展。它可以根据不同的教学模式和教育需求提供个性化的教学工具和资源。

第二，资源共享和整合。教育云平台可以整合和共享各种教育资源，包括课程、教材、课件、多媒体资料等。教师和学生可以通过平台方便地获取和共享这些资源，提高学习效果和教学质量。

第三，在线学习和远程教育。教育云平台支持在线学习和远程教育，使学生可以随时随地通过互联网接入学习资源和教学内容。这种灵活性使得教育不再受时间和地点的限制，提供了更多的学习机会。

第四，个性化学习和教学。教育云平台可以根据学生的学习情况和需求提供个性化的学习内容和教学方案。通过数据分析和智能算法，平台可以为学生提供针对性的学习建议和辅导，帮助他们更好地学习。

第五，学习管理和评估。教育云平台提供学习管理系统，教师可以通过平台进行学生管理、课程管理和作业管理等。同时，平台可以提供在线评估和反馈机制，帮助教师评估学生的学习成果和教学效果。

总之，教育云平台通过云计算技术的应用，为教育领域提供了更加灵活、便捷和个性化的教学和学习环境，促进了教育的创新和发展。

（三）云平台在英语翻译教学中的应用

云平台在英语翻译教学中的应用可以带来许多益处。以下是一些云平台在英语翻译教学方面的应用场景：

其一，在线翻译工具。云平台提供了在线翻译工具，学生可以通过这些工具进行实时翻译和对比。这些工具可以提供多种语言的翻译服务，并且能够迅速反馈结果，帮助学生更好地理解和学习翻译技巧。

其二，远程协作和合作。云平台使得学生和教师可以在不同地点进行远程协作和合作。学生可以通过云平台与教师进行实时交流，共享翻译作品，并接受教师的反馈和指导。这种远程协作和合作的方式可以提高学生的学习效果，扩大学习范围。

其三，资源共享和访问。云平台可以作为一个资源共享和访问的平台，学生可以通过云平台获取到丰富的翻译学习资源，如课程资料、参考书籍、翻译案例等。同时，学生可以将自己的翻译作品上传到云平台，与其他学生分享和交流经验。

其四，自动化评价和反馈。云平台可以利用自然语言处理和机器学习技术，对学生的翻译作品进行自动化评价和反馈。通过分析学生的翻译质量、语法准确性和用词选择等方面，云平台可以提供针对性的指导和建议，帮助学生改进翻译能力。

其五，虚拟实践环境。云平台可以提供虚拟实践环境，让学生在模拟的翻译场景中进行练习和实践。学生可以通过云平台模拟真实的翻译任务，如新闻报道、年度汇报等，从而提高自己的实际应用能力。

总的来说，云平台在英语翻译教学中的应用可以提供更多的学习资源、实时交流和反馈机制，以及虚拟实践环境，帮助学生更好地掌握翻译技巧和提升翻译能力。

（四）云平台在英语翻译教学评价中应用的必要性

1. 英语翻译教学评价的现状与困境

英语翻译类课程在培养新时代的复合型、应用型、高素质翻译人才方面尤为重要。首先，我国多数高校的英语翻译教学较为传统，在数字时代逐渐显现出一系列问题，如课程结构单一、师生/生生互动不足、缺乏系统性、针对性和特色性，人才培养模式无法满足行业发展需求等问题。传统英语翻译课堂教学评价的方式通常以教师为中心，采用"教师准备翻译素材—学生翻译—教师讲解—提供参考译文"的模式，呈现出一种单向性，学生在教学过程中处于被动地位，教学过程缺乏互动和参与，不仅无法激发学生的学习兴趣和积极性，也难以满足学生个性化的学习需求。同时，这种模式导致学生过于依赖教师的点评和参考译文，缺乏主动参与和思辨能力，对翻译理论和技巧的理解只停留于表面，无法实现自我建构和提升翻译能力。

其次，仅依靠教师个人的点评缺乏科学性与客观性。传统的纸质和邮件方式的翻译任务点评存在一些问题。其一，点评周期长，无法及时给予针对性的反馈。其二，学生很难通过阅读教师评语来纠正译文错误并进行内化。其三，保留翻译任务批改痕迹是一大难题。教师虽然需要批改大量的译文，但往往发现学生译文的错误类型相似。这种教学方式违背了翻译任务评价的初衷，因此教学效果不佳。

数字时代背景下，利用云技术和云平台可以为传统英语翻译教学评价带来许多解决方案，从而解决传统教学评价中存在的一些问题，对英语翻译教学评价的改革具有重要意义。"英汉/汉英笔译""翻译基础"等翻译类课程是英语专业的核心课程，对复合型应用型英语翻译人才的培养至关重要。因此，推进云平台与英语翻译教学的深度融合，提高翻译教学质量，构建数字时代新型的翻译教学评价模式势在必行。

2.云平台在英语翻译教学评价中应用的优势

（1）提供多样化的教学资源。云平台可以为英语翻译教学评价提供丰富的教学资源，包括多模态翻译练习材料、教材、课件、参考资料等。这样的多样性可以帮助学生更全面地了解翻译理论和技巧，丰富他们的知识储备。

（2）实现教学过程的动态监控。云平台可以实现对学生翻译过程的实时监控。教师可以通过云平台了解学生在翻译过程中的困难和问题，及时进行指导和帮助。这种动态监控可以提高教师的教学效果，帮助学生更好地掌握翻译技能。

（3）提供即时的反馈与评价。云平台可以实现对学生翻译作业的及时批改和评价。教师可以通过云平台给予学生针对性的反馈，指出他们的错误和不足，并提供改进建议。这样的即时反馈可以帮助学生及时纠正错误，提高翻译质量。

（4）促进学生的主动参与和思辨能力。传统的英语翻译教学评价模式中，学生过于依赖教师点评和参考译文，缺乏主动参与和思辨能力。云平台可以提供学生自主学习和思考的机会，鼓励他们独立思考和解决问题，培养他们的翻译能力和创新能力。

（5）减轻教师评价负担。云平台可以自动化地批改和评价学生的翻译作业，减轻教师的评价负担。教师可以将更多的时间和精力用于指导和辅导学生，提高教学效果。

综上所述，云平台在英语翻译教学评价中的应用对转变英语翻译教学评价模式具有重要意义。通过云平台，学生可以获得更多的教学资源和即时的反馈，教师可以更好地监控学生的学习过程并提供指导，同时能降低教师的评价负担。云平台的应用可以促进英语翻译教学评价的改革和创新，推动复合型、应用型英语翻译人才的培养。

二、理论基础：师生合作评价

1. 师生合作评价的概述

师生合作评价（teacher-student collaborative assessment，简称TSCA）是我国外语学者文秋芳教授及其团队所提出的"产出导向法"中创设的新型评价形式。主要针对"我国大学英语班级大、教师工作负担重，对每个产出任务给予及时、有效的评价"的挑战而提出，通过师生合作评价来组织、平衡教师评价与其他评价方式。

师生合作评价的概念基于以下几个关键要素：第一，课前教师结合教学目标选择并评阅典型样本，课中教师引导学生合作评价样本，包括独立思考、对子/小组交流、大班讨论、教师给出指导意见等环节；第二，评价的内容包括产品本身（如作文、翻译、调研报告）和教学目标的达成情况；第三，课后学生根据评价焦点采用自评、同伴互评或机评，有效补充师生合作评价模式。

2. 师生合作评价在英语翻译教学中的意义

在中国知网数据库输入检索主题词"师生合作评价"或"TSCA"，搜索结果显示，师生合作评价模式在提出后对我国高校外语教学评价起到重要指导作用。外语学者或一线教师（如孙曙光、王晓媛、宋岳礼、徐颖颖、张丽等）的教学研究和课堂实践，都发现与验证了师生合作评价有利于提高外语教学评价效果和教学质量，学生对其认可度高。师生合作评价模式能够有效践行"以评促学""评教结合"的教学假设，评价主体由"教师"转为"教师+学生+机器自动评分系统"，课前由"无目标预习"转为"针对性产出+师生评价、同伴反馈"，课中由"教师一言堂"转为"师生、生生地有效合作"，课外由"教师点评或无点评"转向"学生自评+机器辅评+同伴互评+教师点评"，在课前、课中、课后打破"学"与"评"的界限，师生合作评价模式能够提高外语教学的评价效果、巩固深化学生对知识点的理解与学习，这正是进行英语翻译教学评价模式改革的契合点。现有实证研究主要集中在写作、口语、阅读教学中，较少涉及翻译教学，且已有实证研究中并未结合云平台进行英语翻译教学评价模式的改革与实践，因此，英语翻译教学评价模式改革具有一定的创新性和应用价值。

三、基于云平台的英语翻译教学师生合作评价模式的设计与实施

（一）模式设计的原则和要点

为了解决英语翻译教学评价中及时反馈等核心问题，本章节中尝试依托云平台（如试译文智能翻译教学平台等）与"师生合作评价"，构建基于云平台的英语翻译教学师生合作评价模式。根据文秋芳团队提出的师生合作评价实施步骤和要求：课前，教师根据单元教学目标，详细评阅典型样本；课内，由学生先独立思考、对子/小组交流，然后在教师专业的引领下进行典型样本合作评价，教师适时给出评阅意见；课后，根据评价的标准和要点，学生采用自评、同伴互评、机器评价对"师生合作评价"加以补充。本章节中所构建的基于云平台的英语翻译教学评价模式将师生合作评价贯穿课前、课中、课后三个阶段。鉴于翻译教学的要求及特点，该评价模式采用试译文智能翻译教学平台、超星教学平台、中国MOOC、微信群等多种教学平台/工具，以课前翻译实践发现的问题为主线设计教学重难点，以评价产出任务为导向，通过师生合作评价、生生互评、学生自评、机器智能点评等线上线下混合方式打破"学"与"评"的界限，"以评促学"，实现翻译教学评价总目标，如图5-1所示。

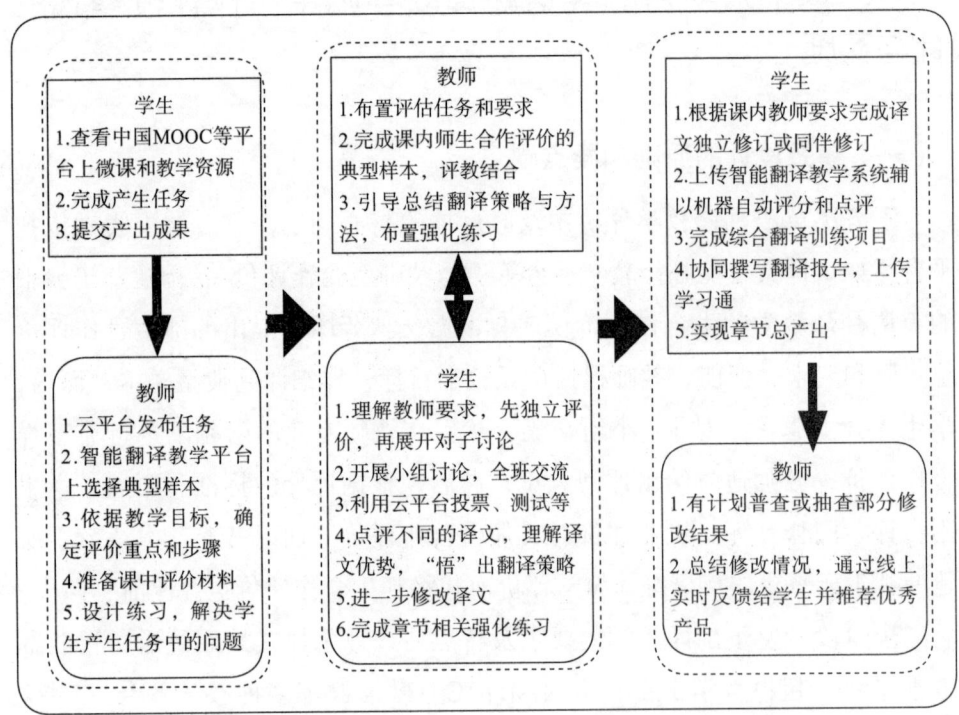

图 5-1 基于云平台的英语翻译教学师生合作评价模式

（二）模式的实施步骤和流程

1. 课前阶段

教师将录制好的教学视频、音频上传至云教学平台，或者要求学生自主观看中国 MOOC 上的优质教学资源。学生观看视频后，可以在试译文翻译教学平台上完成相应的翻译任务。教师可以利用试译文平台独有的"共性聚合"功能，聚焦学生在翻译训练中常见的典型问题，例如典型的翻译错误类型，并制定章节评价的重点和目标。教师选择一些典型的翻译样本进行详细批阅，包括标注错误类型和翻译技巧，并保留修改痕迹。在批阅时，教师需要根据教学目标有针对性地进行评价，避免过于笼统。另外，教师还可以设计课内师生合作评价的具体方案和标准，然后根据评价的重点和难点编制适量的练习题，帮助学生解决在翻译训练中普遍出现的问题。

2. 课内实施阶段

首先，教师需要让学生明确翻译任务评价的目标、要求和具体步骤。评价内容应与每章节的教学目标相一致,重点关注学生在应用所学翻译知识点方面的效果。为了达到这一目的,教师首先可以利用试译文翻译教学平台展示一些典型的译例,学生可以先独立思考;其次,在小组内进行交流和讨论。教师引导全班对这些典型样本进行点评,并与学生一起提出修改方案,帮助学生理解翻译的思路,并总结翻译技巧和策略;最后,学生进一步完善自己的译文,小结翻译训练,并完成章节相关强化练习。这种基于云平台的师生合作评价可以有效补充传统的教师评价、同伴评价和自我评价的不足,能够巩固和强化教学重点,使教学内容更具针对性,并显著提高课堂时间的利用率。同时,这种评价方法能够更好地检验学生是否已经达到每章节的翻译教学目标。

3.课后阶段

根据教师的要求,学生需要在课后进行翻译综合训练。完成翻译项目后,学生将进行同伴互评和自评,并利用试译文平台的智能打分和点评功能。此外,学生还需要与小组成员合作撰写翻译报告,实现章节产出总任务。教师有计划性地对部分修改结果进行普查或抽查,并总结修改情况。这些结果将通过线上实时反馈给学生,并推荐优秀的作品。通过以上评价阶段,教学可以形成一个循环,帮助学生顺利解决教学中的重难点,达到教学目标。与传统的课后评价不同的是,师生合作评价的课后点评更具有目标性、准确性和明显的效果。试译文平台可以记录学生的学习轨迹,包括翻译错误类型、教师和同伴的修改意见以及机器评分,形成翻译学习的电子档案袋。课后的评价实际上亦是学生对翻译学习的内化过程。教学实践中,教师应关注学生在云平台上的反馈,并适时进行访谈,以改进教学方法。

四、基于云平台的英语翻译教学师生合作评价模式的案例分析

基于云平台的英语翻译教学师生合作评价模式实践的关键在于如何在英语翻译教学中真正做到"以评促学",具体体现为评价焦点的确定、评价的手段/工具和评教结合。本节以《名词从句的译法》中第3学时(即评价环节)的教学设计为实例展示具体实施步骤和流程。

（一）教学目标

理解英语中名词从句的类型；理解名词从句的构成与特点。能够掌握英语中名词从句的基本形式，能够准确翻译名词从句，能够评价名词从句的译文，能够产出高质量的名词从句明显的语篇译文。培养学生团队协作能力和翻译项目管理能力，培养学生高度责任感、正确的科学观与批判性思维。

（二）教学实施

1.课前阶段：驱动——促成

在课前阶段，基于云平台的英语翻译教学师生合作评价模式设计驱动环节的目的在于，让学生通过实际参与产出活动，从中认识到自己的不足，进而激发他们学习新知识的积极性和产出的意愿。实施促成环节的步骤主要包括以下几点。首先，教师会详细解释子产出活动的完成步骤和要求，确保学生能够清楚理解并掌握任务的要求；其次，在教师的指导下，学生会选择适合自己的学习方式，并完成相应的促成活动，教师对学生的完成情况进行检查和评估；最后，学生进行练习并产出相应的作品，教师对学生的作品给予检查和评估。在课前阶段，师生会完成一系列的教学步骤和任务，具体内容可参见表5-1。

表5-1 课前阶段的教学实施

教师	学生
①在超星平台发布《学生自主学习清单》，明确本章节的学习目标和学习任务；发布问卷调查"英汉翻译中哪种名词从句的翻译较难？"；答疑专区发布讨论"你在名词从句的翻译中遇到什么问题？"；通过超星教学平台上收到的课前问卷调查、答疑专区、测试题等反馈，确定教学难点，以学定教。 ②在超星平台发布《名词从句的译法》这一章节教师的自录视频和中国MOOC上相关微课。要求学生绘制本章知识导图（产出子任务1）。 ③发布试译文翻译教学平台上的翻译练习（产出子任务2）。 ④教师浏览学生翻译，然后聚焦翻译练习中具有共性的典型问题（名词从句英汉翻译的问题），根据评价焦点选择典型样本，并进行详批	①学生在超星平台查看《学生自主学习清单》，完成问卷调查、主题讨论等任务。 ②观看中国MOOC微课视频和阅读教材，完成子目标1——绘制知识结构图。完成子目标2——试译文翻译教学平台上的翻译练习，并互评

2.课中阶段：师生合作评价

课中阶段的师生合作评价是该翻译教学评价模式的重中之重。教师首先向学生讲清评价的目标、要求和步骤,以单元教学目标为参照点,关注学生在促成阶段所学翻译知识点的应用效果,确保评价内容明确突出;其次,教师引导学生进行独立思考、小组交流和师生共同讨论,以改进翻译样本为目标,提出修改方案;最后,在教师的指导下总结翻译技巧和策略。表 5-2 列出本案例课中阶段师生合作完成两个产出子目标评价的具体教学实施。

表 5-2 课中阶段的教学实施

师生合作评价: 子目标 1——知识 结构图	① 学生小组展示超星平台上子目标 1 完成的《名词从句的译法》的知识结构图; ② 教师引导其他小组进行点评,并知识点进行概括补充。
师生合作评价: 子目标 2——试译 文翻译平台上本 章的翻译练习	① 发现问题:教师呈现翻译训练中的问题样本,主要集中在对"形式主语 it 引出的真正主句""同位语从句的先行词"等知识点的翻译; ② 学生判断,学生讨论,分享观点;教师引导发现问题;让学生清楚评价任务和目标。 ③ 教师讲解:教师针对评价焦点进行讲解,给学生搭架子,帮助学生掌握解决科技英汉翻译中名词化结构问题的方法,找到合适的翻译策略。 ④ 修改样本:学生独立修改、代表发言、小组讨论、App 投票、全班分享。 ⑤ 教师点评、范例展示、总结归纳。 ⑥ 翻译综合训练:教师布置该知识点综合训练,分析语篇,并对翻译训练给予指导

3. 课后阶段:师生合作评价

课后阶段的评价是基于云平台的师生合作评价英语翻译教学模式中不可缺少的一部分。与传统的教学模式的自评或互评不同的是,该模式的课后评价是基于课内师生评价的标准和要点来进行的,更具针对性、方向性和目的性,效果也会更明显。表 5-3 列出本案例课后阶段师生评价的具体教学步骤。

表 5-3　课后阶段的教学实施

学生	教师
①根据教师的要求，学生需要在课后进行英语翻译综合训练。 ②学生根据评价焦点自评或同伴互评，然后将修改稿提交至试译文翻译教学平台评分进行机器智能打分、点评等实时反馈。 ③学生合作再次修改本章翻译综合训练项目，协同撰写翻译报告，实现章节产出总目标。	①教师有计划普查或抽查学生的修改译稿，了解学生自评或互评的情况。 ②通过线上实时反馈评价结果给学生。 ③推荐优秀的作品。 ④整理形成翻译学习的电子档案袋

（三）教学评价

本节的形成性评价由三部分成绩构成。课堂活动评价占30%；项目完整度占30%，包括章节子目标1、子目标2以及章节总目标的翻译项目完成情况；项目成果质量占40%，主要评价章节总目标的完成质量，如表5-4所示。

表 5-4　形成性评价构成

评价	课堂活动	项目完整度	项目成果质量
任务	云平台活跃度； 讨论活动表现情况； 小组活动中合作情况	章节子目标1 章节子目标2 章节总目标	章节总目标
标准	展示； 参与度； 团队合作	过程完整度及互评	翻译项目的完成及互评； 翻译报告的完成质量及互评
分值比重	30%	30%	40%

五、基于云平台的英语翻译教学师生合作评价模式的效果评估

笔者在某应用型本科院校大三英语专业（翻译方向）两个平行班级中，探索了不同的英语翻译教学模式。控制组采用传统的"教师准备翻译素材—学生翻译—教师讲解—提供参考译文"的评价模式，实验组采用基于云平台的英语翻译教学师生合作评价模式，实施多轮师生共评。两个班在教师、教材、教学内容和教学进度表方面保持一致。这项教学研究历时一学期，共16周，每周2学时，课程为"英汉/汉英笔译"。（注：以下研究结果曾发表于《惠州学院学报》2022年第42卷第1期，第116-122页）

（一）研究问题

1. 基于云平台的英语翻译教学师生合作评价模式是否能够提高学生翻译成绩和水平？

2. 基于云平台的英语翻译教学师生合作评价模式是否能够提高学生翻译学习的自我效能感？

3. 学生对基于云平台的英语翻译教学师生合作评价模式的效果反馈如何？

（二）研究对象

本研究的对象是两个平行班的学生，其中控制班有40名学生（其中男生8人，女生32人），实验班有40名学生（其中男生5人，女生35人）。在实验开始之前，两个班级的学生进行了独立样本T-检验，结果显示他们的翻译水平相当，翻译成绩没有明显的差异。

（三）研究方法及平台

本研究主要采用混合研究方法，结合定量研究和定性研究，以及利用试译文智能翻译教学平台、超星教学平台和中国MOOC等云平台进行教学实验，通过问卷调查、学生访谈和试译文教学平台电子档案等方法来了解师生合作评价模式对学生翻译成绩和水平的影响，以及学生对师生合作评价模式的接受程度和翻译自我效能感的变化情况。

（四）实验过程

在教学实验之前，教师对两个平行班的学生进行了翻译能力的前测。这次翻译测试的题目来自教材练习题和CATTI三级翻译试题库，包括英汉与汉英翻译。在教学实验结束后，以同样方式对学生进行翻译能力后测。翻译能力前后测均在试译文智能翻译平台上进行，满分100分，英汉与汉英翻译各占50分，并保留批改痕迹。学生的翻译能力前后测成绩由三位具有丰富翻译实战经验的教师按照CATTI阅卷标准进行了批阅，未告知该教学实验和学生信息，以尽量确保客观公正，最后取平均分作为学生测试最后得分。

在研究中，主要采用问卷调查表和自我效能感量表来评估学生对翻译教学师生合作评价模式的接受度和满意度。问卷调查表通过比较数据来了解学生对教学模式的看法和建议。自我效能感量表为五级记分制，每题都有五个选项（完全不适合、比较不适合、不确定、比较适合、完全适合），分别赋予1、2、3、4、5的分值，以评估教学模式对他们的自我效能感是否有影响。研究所收集到的数据通过SPSS 22.0进行统计，并尽可能使用不同的数据交叉验证来提高研究的可信度和效度。

在教学实践中，实验组严格按照我们构建的基于云平台的英语翻译教学评价模式进行师生合作评价，包括课前、课中和课后三个阶段共6轮师生合作评价。同时，还需要保留试译文智能翻译教学平台上的学习数据、教师点评和同伴互评的修改痕迹，以及译文错误类型的标注。根据学生的前后测成绩和问卷情况，研究人员将选择部分学生进行访谈，以深入了解他们对教学评价模式的反馈和建议。此外，实验组还要求教师和学生定期记录反思日志，以提取出高频关键词和句子，辅助实验分析。

（五）数据收集与分析

1. 学生前后测的翻译成绩与分析

根据学生的前后测翻译成绩以及设定的评价维度，我们使用SPSS 22.0进行了配对T检验。结果显示，翻译后测成绩明显优于翻译前测成绩。具体的成绩统计数据见表5-5和表5-6。

表5-5　实验组学生前后测翻译成绩成对样本统计资料

	平均数	N	标准偏差	标准错误平均值
前测	52.2500	40	11.25998	2.12794
后测	59.8929	40	9.96044	1.88225

表5-6　实验组学生前后测翻译成绩配对样本t检验

	成对差异数					T	df	显著性（双尾）
	平均数	标准偏差	标准错误平均值	95% 差异数的信赖区间				
				下限	上限			
前测后测	-7.64286	12.76922	2.41316	-12.59424	-2.69147	-3.167	27	.004

通过对实验组学生翻译能力前后测试成绩的比较，我们可发现在配对样本t检验中，P＜0.01，这意味着学生在翻译能力方面的成绩存在显著差异。

具体而言，学生在翻译能力后测中的平均成绩（59.89）相较前测的平均成绩（52.25）提高了约 7.64 分。综合来看，在实施师生合作评价英语翻译教学模式后，学生的翻译水平有了显著提高。此外，后测的标准差（9.96）明显低于前测的标准差（11.25），这表明后测中学生的翻译成绩波动较小，翻译水平更加稳定。相比之下，采用传统英语翻译教学评价模式的控制组学生的前后测试成绩整体上没有明显的差异变化。

此外，教师对比实验组在前后测中的点评与批改痕迹，发现前测中出现的错误/失分主要包括词汇使用不准确、语法错误、句子连贯性差、逻辑性差、缺乏语篇意识以及语言风格偏差大等。在后测中，学生在词汇和语法等语言层面的错误明显减少，句子连贯性有所提高，段落之间的衔接更加自然。特别是，学生对翻译篇章的体裁和风格的把握也更加准确。这表明通过师生合作评价模式的实践，学生在理解、分析和处理翻译篇章方面的能力得到了提升。综上所述，基于云平台的师生合作评价英语翻译教学模式对提高学生的翻译成绩和水平具有明显的效果。

2. 学生翻译学习自我效能感量表的调查结果与分析

为了了解英语翻译教学师生合作评价模式对学生在翻译过程中的自我效能感的影响，研究中要求学生在开始和结束时填写翻译学习自我效能感量表，以衡量他们对自己在翻译方面的能力判断、信念和主体自我把握的程度。自我效能感对个体在选择行为任务和坚持努力方面起着重要作用。在这项研究中，我们所关注的自我效能感指的是学生在整个翻译实践过程中对自己能力的判断、信心、坚持性和能力水平。换句话说，学生在接到翻译任务后会有决心完成任务，并对自己的翻译能力充满信心。当遇到翻译难题时，他们会积极寻找解决问题的方法和策略。在得到教师、同伴和机器的反馈后，学生能够正确思考，并乐于接受更好的译文和修正错误。同时，他们会坚持自己译文的亮点，并敢于表达对译文的想法。

本研究所用的翻译学习自我效能量表根据陈亚轩、陈坚林编制的网络环境下自我效能感量表进行设计，主要分为自信感、努力感、能力感和控制感四个维度。量表共设置 20 题，满分 100 分。控制组和实验组在实验前后发放同一份量表，各回收有效量表共 80 份，实验前后阶段各 40 份。实验前后所获量表数据由 SPSS 22.0 进行配对样本 T 检验和描述性分析，主要为教学实验前后学生在翻译学习方面自我效能感的对比，以及自我效能感各分值项、自我效能感四个维度的平均选择次数和频率的分析。

根据陈亚轩和陈坚林编制的网络环境下自我效能感量表，我们设计了一份翻译学习自我效能量表，主要包括自信感、努力感、能力感和控制感四个维度。该量表共有20个问题，总分为100分。控制组和实验组在实验前后各分发同一份量表，共收集到80份有效量表，其中实验前后各有40份。通过使用SPSS 22.0软件对实验前后所获得的量表数据进行配对样本T检验和描述性分析，主要目的是比较教学实验前后学生在翻译学习方面的自我效能感，并对自我效能感各分值项、自我效能感四个维度的平均选择次数和频率进行分析。

首先，通过对比实验前后学生的量表分数，进行了实验组学生自我效能配对样本T检验，结果显示P值为0.004，即$P<0.01$，表明实验前后学生的自我效能感存在显著差异。实验后，学生的自我效能感平均分值为78.5，高于实验前的61分，这表明实施英语翻译教学师生合作评价后，学生的自我效能感明显提高。控制组学生的自我效能感在实验前后没有明显差异，各项维度的平均情况与实验前相似。

其次，进一步对实验组的量表数据进行分析，包括自我效能感各分数段、自我效能感四个维度的平均选择次数和频率。实验结束后，40名受试学生在20个分项中总共选择了800次。其中，选择效能感程度较高（效能感分值≥4分）的选择次数为468次，占比为58.5%。这表明采用师生合作评价英语翻译教学模式后，超过一半的学生拥有了较高的效能感程度，远高于实验前的比例。相反，选择效能感程度较低（效能感分值≤2分）的选择次数为52次，占比为6.5%。与实验前相比下降了27%，说明实验后效能感程度较低的学生大幅减少，实验组学生对翻译学习的自我效能感有所提高。此外，在实验前选择自我效能感不确定的学生占比最高，为40%，而实验后这个比例有所下降。表5-7展示了实验组和控制组的前后自我效能感量表各分值项的选择次数和频率。

表 5-7 实验组前后自我效能感各分值项的选择次数及频率

	≥4 分值（效能感程度较高）	3 分值（不确定）	≤2 分值（效能感程度较低）
实验前	212 次（26.5%）	320 次（40%）	268 次（33.5%）
实验后	468 次（58.5%）	280 次（35%）	52 次（6.5%）

通过比较前后实验结果，我们可以看到学生在自信感、努力感和能力感这三个方面的效能感明显提高，尤其是在能力感方面，提升最为显著。这表明采用英语翻译教学师生合作评价模式后，学生对自己在翻译方面的能力更有信心，相信自己能够掌握课内外所教授的翻译知识点，并且能够灵活运用所学的翻译方法和策略。即使在遇到不懂的知识点或难以翻译的内容时，学生也相信自己能够找到解决的方法。在拿到翻译材料后，学生会努力克服紧张焦虑的情绪，专心致志地进行翻译，并通过各种途径查找相关的背景材料，认真分析语篇、句子和词语等。此外，学生也更愿意接受老师和同伴的反馈意见，并且相信自己可以通过改正错误来取得更好的成绩。每次完成翻译任务后，学生还会认真分析，总结自己的不足。然而，在控制感方面，学生的自我效能感变化不大，说明他们的自我控制能力还有待提高。因此，在教学过程中，我们需要重视内驱力的作用，帮助学生提高自我控制能力。

3.学生对英语翻译教学师生合作评价模式反馈的调查结果与分析

本研究要求学生参与一项问卷调查，调查内容涉及英语翻译教学师生合作评价模式的反馈。该调查的主要目的是了解学生在基于云平台的英语翻译教学师生合作评价模式中的学习情况、对该模式的认可程度和接受程度，以及学习动机的影响等方面。此外，研究还将选取学生代表进行访谈，以进一步了解他们的观点和体验。

根据调查结果显示，65%的学生每周在该课程投入的学习时间≥6个小时，20%的学生投入4~5个小时，12%的学生投入2~4个小时，只有3%的学生投入≤2小时。这表明，在基于云平台的师生合作评价模式中，学生们投入的学习时间要比教学要求的每周2小时要多得多。通过访谈了解到，这主要是因为学生需要在课前完成教师布置的翻译任务，而不是盲目地进行预习。在课堂上，根据教师的引导，学生需要对典型样本进行点评，不仅要求他们掌握翻译的标准，还需要运用这些标准进行评价，这都需要学生的"译外功"。课后，学生需要按照教师的要求自行修订译文或同伴互助修订译文，归纳翻译方法与策略，并撰写翻译报告。所有这些因素都使得学生在学习时间投入方面大幅增加。

从学生对师生合作评价模式的接受度看，95%的学生支持或非常支持基于云平台的英语翻译教学师生合作评价模式，只有两位学生对该模式持怀疑态度。学生们普遍认为，在教师的引导下，确定评价的焦点和标准，并对同学的译文进行点评，这种模式具有较高的可信度。在同伴合作评价的过程中促使自己不断去探索、"悟"出翻译之"道"，提高了学习翻译的兴趣和自我效能感。当学生们遇到问题无法解决时，教师适时"搭架子"，引导学生进行评价和总结。该模式创造性地将传统教师反馈与新型的学生评价的优点有机结合起来。另外，两位对该模式持怀疑态度的同学主要是认为，同伴之间的水平相差不大，反馈的问题集中在单词拼写、语法方面，点评效果不明显，且在课后小组合作修改译文时，也主要是个别同学在积极反馈和修改。针对这一问题，教师将在今后的教学设计中增加详细的点评表格，以实现使每个学生的参与目标。

4. 学生访谈结果与分析

在实验之前和之后，我们对学生进行了访谈，以了解他们对两种不同英语翻译教学评价模式的看法。学生认为，传统的翻译教学评价模式仅仅限制在课堂内的点评上，这使得他们很难在课前明确学习的重点，并且缺乏动力去自主完成翻译任务。即使有布置课前翻译任务，但由于翻译任务的收集时间较长，点评周期也长，学生往往在收到点评时更加关注分数，或者由于时间间隔较长而忘记了自己具体翻译了什么内容或者为什么做出这样的翻译选择。在目前的师生合作评价模式下，学生可以通过智能翻译教学平台进行翻译训练，并获得相关的微课资源，这使得他们可以在平台上反馈章节学习中遇到的难点，并得到老师和同伴的解答。此外，他们的译文也可以及时得到点评。这种新的翻译教学模式使得学生们对学习翻译的兴趣和效率都得到提高。

在访谈中，学生指出，传统的英语翻译教学评价模式主要是教师讲解翻译例句、提供参考译文，学生则模仿翻译。然而，这种模式中教师能够讲解的内容有限，无法及时给学生的译文做出点评；教学主要以教师的理解为导向，学生被动接受；学生很难将所学的翻译理论和技巧应用到实际中。相比之下，师生合作评价模式要求学生不仅要给出译文，还需要掌握相应的翻译策略和评价标准才能进行评价。这种评价模式将重点从"教"转向"学",学生对教师的依赖逐步减少,实现了"以学生为中心"和"以产出为导向",从而更加强调翻译学习的效能感。一些学生提到,课后撰写翻译报告虽然可能会花费较多时间,但经过一段时间的积累,他们发现不断修改译文、与同伴讨论、撰写翻译报告对翻译有很大的启发作用。值得一提的是,要求学生课后撰写翻译报告有助于学生在翻译后对自己的翻译能力有更全面的认识。通过对比优秀译文和教师、同伴的点评,学生能够"悟"出翻译策略,从而指导其后续的翻译实践。

(六)结论

1.评价模式的创新性

本研究通过将云平台与师生合作评价相结合,构建基于云平台的英语翻译教学师生合作评价模式。通过多轮师生共评实践和混合研究方法,验证了这种基于云平台的翻译教学师生合作评价模式在英语翻译教学中的可行性,填补了该领域的研究空白。

实验证明,基于云平台的英语翻译教学师生合作评价模式的构建与实践,能够有效解决翻译教学中及时反馈等核心问题。同时,这种模式能有效提高学生的翻译成绩与水平,增强学生对翻译学习的自我效能感,进而提高学生的学习投入度。通过学生自评、师生合作评价、生生合作评价、机器自动评价等多种评价方式相结合,不仅实现优势互补,更能发挥学生翻译学习的主动性,提高对翻译学习的信心和解决问题的能力,实现"以评促学"。

2.评价模式的多元性

基于云平台的英语翻译教学师生合作评价模式遵循产出导向理念和师生合作评价的教学思想。评价主体包括学生、教师和智能翻译平台自动评分系统。评价对象包括学生完成的翻译任务和教学目标的完成情况等。课前阶段,从"无目标预习"转变为"针对性产出+师生评价、同伴反馈"。在课堂上,由"教师一言堂"转为"师生、生生地有效合作"。课后阶段,评价方式从"教师点评或无点评"转变为"学生自评+机器辅评+同伴互评+教师点评"。评价内容以章节教学目标为参考,不仅关注学生在促成阶段所学翻译知识点的应用效果,还注重培养学生的自主学习能力、项目执行能力、团队合作精神、信息技术素养和批判性思维。

该评价模式的实施实现了英语翻译教学评价的多样化，涵盖了评价主体、评价对象、评价方式、评价时间和评价内容的各个方面，从而提升了评价的深度和广度。通过大量的翻译实践和师生合作评价，每节课都成为一个循环上升的翻译学习和知识深化的过程。通过有效的"评教结合"，有助于学生深入理解翻译理论，总结翻译策略和技能，并将理论与实践相结合。同时，评价模式的多元性不仅能够充分发挥各种评价方法的优势，使评价过程更加科学和合理，而且符合学生的心理需求和表达欲望。另外，它还能激发学生对翻译学习的主动性，激发学生的翻译潜能，增强对翻译学习的信心。

3. 评价模式的时代性

大数据时代云技术日臻成熟，基于云平台的英语翻译教学师生合作评价模式顺应新时代新发展的趋势，依托 AI 赋能时代先进的教学平台，坚持混合式教学和深度学习理念。线上提供中国 MOOC 等优秀教学资源，让学生自主学习输入性知识；通过云平台推送电子资源包，发布问卷调查等教学互动，从而将更多的课堂时间留给有针对性地解决问题、答疑、讨论，实现混合式学习。在翻译教学评价方面，特别是利用试译文翻译教学平台，学生可以在课前在平台上完成翻译任务，教师通过系统智能聚合知识点功能，聚焦翻译任务中具有共性的典型问题，课中集中交流讨论、师生共同评价，提出修改方案，并归纳翻译策略，课后再针对总目标，进行同伴互评和自评，辅以试译文平台智能打分、点评功能，并撰写翻译报告，以实现翻译教学产出总任务。

依据"反馈学习"机制的理念，以云技术和云平台为依托的教学评价能够打破时空限制，实现及时、高效的师生反馈评价。基于云平台的英语翻译教学师生合作评价模式符合数字原生代学生的学习特点和学习习惯，符合新文科背景下翻译教学评价的要求，通过在云平台上自助式或协作式地完成翻译任务，有助于培养新时代译者所需的自主学习能力、团队合作能力和任务处理能力。同时，线上评价可以避免面对面教学点评的尴尬，更易于接受，有助于提高学生翻译学习的自我效能感。

第三节 基于动态评价理论的数智化英语翻译课堂评价模式

一、基于动态评价理论的数智化英语翻译课堂评价理论框架

(一)动态评价理论

动态评价理论(Dynamic Assessment)是基于社会文化理论(Socio-cultural Theory)发展而来的一种评价理论,旨在通过介入和干预来探究学习者认知能力和发展潜能的变化。兰托尔夫(Lantolf)和波纳(Poehner)认为,从本质上来说,动态评价是一种同时评估和促进学习者发展的过程。它与社会文化理论中提到的"最近的发展区"有关,意味着评价的重点不仅仅是学习者的终极成绩,而是关注学习者在学习过程中的成长和进步。

最近发展区(Zone of Proximal Development,ZPD)是俄国心理学家列维·维果茨基(Levi Vygotsky)提出的概念。它指的是学习者在学习过程中,处于已经掌握的知识和尚未掌握的知识之间的一个中间区域。在最近发展区,学习者能够通过适当的指导和支持,完成一些他们尚未能够独立完成的任务。这些任务对学习者来说有一定的挑战,但又不至于过于困难,可以在有帮助的情境下完成。最近发展区的概念强调了社会互动和合作学习的重要性。学习者通过与更懂行的人(通常是教师或同伴)的互动,获得支持、指导和反馈,从而促进他们的学习和发展。最近发展区的特点是它是一个动态的概念,随着学习者的发展和进步而不断变化。学习者在最近发展区内逐渐扩展他们的知识和技能,进一步提高他们的实际发展水平。最近发展区的概念对教育实践具有重要的启示意义。教师可以通过了解学生的最近发展区,提供适当的教学支持和引导,帮助学生充分发挥他们的潜力,并促进他们的学习和成长。

动态评价强调了个体学习者的发展和进步,而不仅仅是与他人的比较。这种评价方法注重学习者的反思和自我评估,鼓励他们积极参与学习过程,

并提供有针对性的反馈和指导，以促进他们的学习和发展。最近的发展区强调评价的多样性和灵活性，以适应不同学习者的需求和背景。总之，动态评价是一种以学习者为中心的评价方法，旨在促进学习者的发展和成长。

（二）动态评价理论的特点

波纳（Poehner）和兰托尔夫（Lantolf）概括出动态评价的三个特点，即过程导向、评教整合和多元互动。

1. 过程导向。动态评价认为学习者的能力是可发展的，并且在评价过程中会发生变化。传统的评价方法主要关注学习者的现有水平，而动态评价则更关注学习者的潜力和成长。通过观察学习者在学习过程中的认知水平变化，动态评价可以提供更准确、全面的评价结果，并引导学习者提升能力。动态评价不仅仅关注学习者的知识掌握程度，还关注他们的学习策略、问题解决能力以及批判性思维等。通过评价过程中的观察和反馈，学习者可以了解自己的学习状态，发现自己的不足，并采取相应的措施来提升能力。动态评价还强调评价过程的重要性。评价不再只是一个结束的目标，而是学习的一部分。通过评价过程中的反馈和指导，学习者可以更好地了解自己的学习情况，并根据评价结果进行调整和改进。综上所述，动态评价从能力发展的角度观察学习者的认知水平变化，并引导他们提升能力。它关注学习者的潜力和成长，提供更准确、全面的评价结果，并强调评价过程的重要性。通过动态评价，学习者可以实现更好的学习效果。

2. 评教整合。动态评价将评价和教学整合在一起，将评价作为教学的一部分。它认为评价不应该只是对学习者的成绩进行评判，而应该为教学提供反馈和指导。动态评价通过观察、记录和反馈学习者的表现，全面考察学习者的最近发展区变化。动态评价的核心思想是通过对学习过程的介入和干预，及时发现学习者的问题和困难，并提供相应的支持和帮助。这种评价方法注重学习者的个体差异和发展过程，关注学习者的进步和成长。动态评价可以帮助教师更好地了解学习者的学习情况和需求，根据学习者的实际情况进行个性化的教学设计和指导，并根据评价结果调整教学策略。同时，动态评价能够帮助学习者更好地认识自己学习面临的困难，并积极主动地寻求帮助和改进。总之，动态评价强调教学和评价的有机融合，通过对学习过程的介入和干预，考查学习者的最近发展区变化，以更好地为学习者的学习提供有力的支持和指导。

3. 多元互动。动态评价强调评价者、评价对象和评价环境之间的积极互动和合作。在数字时代，评价环境不仅涉及教学环境，还包括技术环境等。它认为评价应该是一个互动的过程，学习者和教师可以共同参与评价活动。学习者可以参与自我评价和同伴评价，通过互相交流和反馈来促进彼此的学习。这种多元互动的评价方式可以激发学习者的积极性和自主性，促进学习者的参与和合作，提高评价的有效性。在动态评价中，评价者和学习者之间的积极互动是非常重要的。评价者可以通过与学习者的交流和反馈，了解学习者的需求和困难，并提供针对性的支持和指导。学习者可以通过与评价者的互动，表达自己的意见和建议，参与评价过程，增强学习的主动性和参与度。此外，评价环境的积极互动也是动态评价的关键。教学环境可以提供丰富的学习资源和支持，技术环境可以提供各种评价工具和平台。评价者和学习者可以利用这些环境中的资源和工具，共同参与评价过程，提高评价的有效性和准确性。总的来说，动态评价注重评价者、评价对象和评价环境之间的积极互动，通过互动促进学习者的参与和合作，提高评价的有效性。这种互动可以在教学过程中发挥重要的作用，帮助学习者更好地理解和应用知识，提升学习效果。

（三）动态评价理论的适用性分析

动态评价理论在数智化英语翻译课堂评价中具有较高的适用性。动态评价理论强调对学生的学习过程进行全面的、连续的评价，注重学生的发展和进步，而不仅仅关注学生的成绩。在英语翻译课堂中，这种评价理论可以帮助教师更好地了解学生的翻译能力和学习过程，同时能够提供有效的反馈和指导。

其一，动态评价理论强调评价的连续性和全面性。在英语翻译课堂中，教师可以通过多种评价方式，如翻译作业评价、口头评价、小组讨论评价、智能平台/系统评价等，全面了解学生的翻译能力和学习进展。通过连续的评价，教师可以及时发现学生的问题和困难，并针对性地提供指导和支持，促进学生的学习和发展。

其二，动态评价理论注重学生的发展和进步。在英语翻译课堂中，教师可以通过设定可行的目标和标准，帮助学生不断提高翻译能力。教师可以与学生进行对话，了解学生的学习目标和需求，并根据学生的实际情况制订个性化的评价方案。学生还可以与ChatGPT等大语言模型进行对话，为自己在翻译学习中遇到的困难答疑解惑。通过及时的反馈和指导，学生可以逐步改进自己的翻译技巧和策略，提升翻译质量。

其三，动态评价理论强调评价的参与性和合作性。在英语翻译课堂中，教师可以与学生共同制定评价标准和评价方式，让学生参与到评价过程中。学生可以通过自我评价、互评等方式，主动参与到评价中，增强对自己学习的认识和理解。同时，学生之间可以相互学习和交流，促进合作学习的发展。

其四，动态评价理论强调评价过程中的教学干预和评价相结合。翻译是一个复杂的过程，学生可能在不同的阶段遇到困难。通过动态评价，教师可以及时发现学生在翻译学习中的困难，并给予针对性的指导和支持，帮助学生克服困难，提高翻译能力。动态评价注重教学干预。在评价过程中，教师可以通过与学生的中介互动，了解学生的思维过程和翻译策略，进而针对性地进行教学干预。教师可以通过提供示范翻译、解释翻译难点、引导学生思考等方式，帮助学生解决问题，提高翻译水平。通过中介互动和教学干预，动态评价可以帮助学生认识到自己的学习进展和不足之处，激发学生的学习动力，促进其积极参与学习过程。

综上所述，动态评价理论在数智化英语翻译课堂评价中的适用性体现在其强调评价的连续性、全面性、发展性和参与性。通过应用动态评价理论，教师可以更好地了解学生的翻译学习过程和能力，并提供有效的反馈和指导，促进学生的翻译学习和发展。

二、基于动态评价理论的数智化英语翻译课堂评价模式构建的基本原则

（一）动态评价的原则

动态评价的原则主要包括以下几点。其一，多维度评价。动态评价理论强调综合考察被评价对象的多个方面，包括知识、技能、态度和价值观等。

评价过程应该全面、多角度地了解被评价对象的表现。其二，过程性评价。动态评价理论强调评价应该是一个持续的、动态的过程，而不仅仅是一个单次的测量。评价过程应该关注被评价对象的成长和发展，通过反馈和指导促进其进步。其三，参与性评价。动态评价理论强调被评价对象的参与和主动性。评价过程应该鼓励被评价对象参与自我评价、同伴评价和教师评价等各种形式的评价，以促进其自我认知和自我调节能力的发展。其四，目标导向评价。动态评价理论强调评价应该与学习目标相一致。评价过程应该明确目标，关注学习过程和学习成果的达成情况，以帮助被评价对象更好地实现学习目标。其五，及时反馈。动态评价理论强调及时反馈的重要性。评价过程应该及时向被评价对象提供准确、具体的反馈信息，帮助其了解自己的优势和不足，并提供具体的改进建议。

总之，动态评价理论的原则是为了促进被评价对象的全面发展和学习能力的提升，通过多维度评价、过程性评价、参与性评价、目标导向评价和及时反馈等方式，帮助被评价对象实现自我认知和自我调节，进而实现个人的成长和发展。

（二）模式构建的目标

基于动态评价理论的数智化英语翻译课堂评价模式是通过结合动态评价理论和数智化技术，实现对英语翻译课堂学习过程和学习成果的全面评价，旨在提高学生的翻译能力。评价理论强调评价方式应与评价目标相匹配。只有围绕评价目标设计出的评价活动，才能有效地诊断学习问题、监控学习效果和调整教学方法。在数字技术和人工智能的迅猛发展下，英语翻译呈现出数智化、协作化和流程化的特点，这给翻译市场带来了机遇和挑战。培养符合数字时代发展需求的英语翻译人才，成为翻译教学的关注焦点。因此，基于动态评价理论的数智化英语翻译课堂评价模式应紧密围绕提高数字时代学生的翻译能力这一总目标进行构建。其构建目标具体包括：

其一，提高评价的准确性。通过采用动态评价理论，将评价过程与学习过程相结合，实时获取学生的翻译学习表现和学习成果，减少主观评价的偏差，提高评价的准确性。传统的评价方法往往只依赖于单次的测验或考试结果，容易受到时间和环境等因素的影响，无法全面准确地评估学生的学习情况。动态评价理论则强调评价过程的连续性和动态性，将评价融入英语翻译学习过程中。通过动态评价，教师可以实时观察学生的翻译学习表现，包括在翻译方面的学习态度、学习方法和学习成果等方面。这样可以更全面地了解学生的学习情况，及时发现问题并进行针对性的指导。另外，动态评价还可以帮助学生更好地认识自己的翻译学习情况，及时调整翻译学习策略，提高翻译学习效果。学生可以通过评价结果了解自己的优势和不足，有针对性地改进翻译学习方法，提高翻译学习成绩。

其二，促进学生的主动参与。通过数智化技术，教师可以利用各种多样化的评价方式和反馈机制来激发学生的翻译学习兴趣和积极性，从而促进学生在课堂学习中的主动参与。例如，教师可以使用在线测验和调查来了解学生对翻译学习内容的理解程度和兴趣，然后根据结果提供个性化的反馈和指导。此外，数智化技术还可以通过游戏化学习和虚拟实境等方式创造出具有互动性和趣味性的英语翻译学习环境，激发学生的好奇心和探索欲望。通过这些丰富多样的评价方式和反馈机制，学生将更加主动地参与到英语翻译课堂学习中，提高学习效果。

其三，培养信息处理能力。在这个数字时代，学生需要具备获取、处理和应用信息的能力。评价学生在数字时代中的信息处理能力，可以帮助他们更好地应对各种资源和工具的运用。通过培养学生对不同资源和工具的熟练运用能力，他们将能够在数字时代中从事全面、准确的翻译工作。这样的培养将使学生具备面对信息爆炸时代的挑战，并能够有效地利用数字技术来解决问题。因此，我们应该重视培养学生的信息处理能力，以适应现代社会的发展需求。

其四，促进自主学习能力。通过评价学生的翻译学习态度和学习方法，培养学生的自主学习能力，使其能够主动获取和应用知识，不断提升自身的翻译能力。在教学过程中，教师可以鼓励学生积极参与课堂讨论，提出问题并寻找解决方案，从而培养学生的主动学习意识和能力。此外，教师还可以引导学生利用各种学习资源，自主查找相关资料并进行深入研究。通过这种方式，学生能够独立思考、自主学习，并将所学知识应用到实际翻译中，不断提升自身的翻译能力。通过培养学生的自主学习能力，他们将能够在翻译领域中不断成长和发展。

其五，支持个性化翻译学习。基于动态评价理论的数智化英语翻译课堂评价模式可以根据学生的不同翻译学习需求和能力水平，提供个性化的评价和指导，帮助学生更好地发展自己的翻译能力。这种评价模式通过分析学生在翻译过程中的表现和结果，能够准确地评估每个学生的翻译水平，并针对性地提供针对性的指导和建议。例如，对翻译能力较强的学生，可以提供更高难度的翻译任务，以挑战他们的能力并促进进一步的提高；对翻译能力较弱的学生，可以提供更简单的翻译任务，并给予更详细的指导，帮助他们逐步提升翻译水平。这种个性化评价和指导的方式可以更好地满足学生的学习需求，提高学习效果。

其六，促进教师的教学改进。通过数智化技术，教师利用实时的学生翻译学习数据和评价结果来更好地了解学生的学习情况。这些数据和结果可以提供诸如学生的翻译技能水平、理解能力、学习进度等方面的详细信息。教师可以通过这些信息来进行中介互动和教学干预，及时调整教学策略和方法，以满足不同学生的学习需求。例如，如果教师发现某些学生在某个翻译技巧上表现较弱，他们可以针对性地提供额外的练习或指导，帮助学生克服困难。此外，教师还可以利用这些数据和结果来评估教学效果，并进行反思和改进，以不断提高自己的教学能力和教学效果。通过促进教师的教学改进，数智化技术可以为学生提供更为个性化和高效的翻译学习体验。

综上所述，基于动态评价理论的数智化英语翻译课堂评价模式的构建目标是通过数智技术提升评价的准确性和个性化，促进学生的主动参与和教师的教学改进，实现翻译课堂的优质教学和学习效果。通过评价和反馈机制，促进学生在数字时代的翻译能力全面提升，使其具备适应数字时代翻译需求的能力和竞争力。

（三）模式构建的基本原则

根据动态评价原则以及基于动态评价理论的数智化英语翻译课堂评价模式的构建目标，以下总结出该评价模式构建的基本原则。

其一，以翻译能力发展过程为导向。在数智化英语翻译教学中，动态评价理论强调学习者在解决问题过程中的认知变化和能力发展。为了评估学习者的表现，教师应该从翻译能力发展的角度出发，并利用过程评价工具来评估学习者在翻译过程中的情感、态度等非智力因素。通过这样的评价，教师可以得到关于学习者能力发展的重要参考。教师可以根据评价结果判断学习者在翻译学习中不同阶段的水平，并分析他们进步的原因或受阻因素。基于这些反馈信息，教师可以在不同的教学环节进行评价内容的调整，从而弥补结果取向单一评价方式的不足。这样的评价方法能够更全面地了解学习者的能力发展，并为教学提供更有效的指导。

其二，评教有机整合。在数智化英语翻译教学过程中，将教学和评价相结合，将教师的教学干预融入翻译能力培养过程，以实现更好的翻译教学效果。具体来说，教师在教学过程中需要积极地收集、分析和利用评价反馈，深入了解学生的翻译学习能力变化，从而能够更好地诊断并解决当前阶段的翻译学习问题。通过评价反馈的综合分析，教师可以准确地判断学生的翻译学习进展，并为针对性地调整下一阶段的教学环节做准备，以满足学生的学习需求和提高他们的学习效果。另外，评教有机整合还强调评价活动应贯穿翻译教学的全过程，所有环节构成持续、循环上升的"教学——评价"动态，从而达到以评促学的教学效果。这意味着教师需要在教学过程中不断进行评估，以了解学生的学习情况，同时可以通过评价来激发学生的学习动力和积极性。

其三，以多元互动为途径。多元互动是动态评价中的重要特征，强调评价者和被评价者之间多元化的积极互动。在数智化英语翻译课堂的评价过程中，教师作为能力发展的中介者，积极参与学生的学习活动，并进行调控和干预。学生作为被评价者，在评价过程中接受教师的引导，认真反思学习中的错误，并解决问题。这种互动性不仅存在于师生之间，还存在于与同伴或教学环境之间。在数智时代，师生互动、生生互动、人机协同等不再受到时空的限制，学生可以与老师进行实时的在线交流和讨论，学生可以轻松地与其他同学进行合作项目、共同学习和互相支持，为学习提供了更加灵活和个性化的方式。在英语翻译课堂评价过程中，教师可以通过真实的翻译项目来搭建充分的互动支架，同时建立规范的评价标准，并利用智能学习工具和虚拟现实来加深对知识的理解和应用。通过与学生的互动，教师可以观察学生在翻译过程中的表现，了解他们的理解和运用能力。同时，教师可以提供及时的反馈和指导，帮助学生改进翻译质量。在评价过程中，教师可以与学生进行讨论和交流，共同探讨翻译问题，促进学生的思维发展和能力提升。此外，教师和学生可以与其他教学主体进行互动，如行业专家、翻译公司等，获取更丰富的评价意见和行业需求，从而更好地指导学生的学习。

其四，以数智技术为支撑。数智技术手段高效地支撑了数智化英语翻译课堂的评价。在动态评价中，教师要善于利用各种数智技术工具来记录学生的翻译学习过程，以实现评价过程的精细化和智能化。这些数智技术包括但不限于语音识别软件、自然语言处理工具和机器学习算法。在传统的翻译课堂中，静态的翻译作业或测试仍然是主要的评价方式，通过评价学生的译文质量来判断其翻译能力。这种评价方式能够提供较为准确的数据，具有一定的客观性和可操作性。然而，这种评价方式也存在一些问题，如过于关注结果而忽视过程，过于注重数量而忽视质量等。通过数智技术手段，教师能够更准确地捕捉学生的翻译学习进程，深入了解他们的翻译思维和技巧运用，为评价提供更丰富的维度和更全面的视角。例如，教师不但可以通过构建学习者画像来跟踪学生的翻译学习轨迹，利用大数据分析和挖掘学生在翻译学习方面的态度、情感和价值观等隐性的特征，还可以识别出他们的学习偏好和潜在问题。这种综合运用数智技术的方式，不仅提升了评价的效率和准确性，也为教师提供了更多创新的可能性，让英语翻译课堂变得更加智慧化和人性化。

三、基于动态评价理论的数智化英语翻译课堂评价要素

（一）评价内容

评价内容是指在数智化英语翻译课堂中需要被评价的具体内容。《翻译专业本科教学指南》明确了翻译专业学生翻译能力的内涵与构成要素，主要由双语能力、超语言能力、工具能力、策略能力等多个子能力构成，而这些子能力之间相互联系、相互影响，共同促进学生翻译能力的提升，以满足新时代社会经济发展的需求。基于"以翻译能力发展过程为导向"的构建原则，基于动态评价理论的数智化英语翻译课堂评价模式的评价内容主要包括学业、心理、社交、思政四个维度，其中，学业维度包括翻译质量评价、翻译策略

评价、语言运用评价、文化适应评价、专业知识评价和翻译技术评价等评价元素；心理维度主要指学生的翻译效能感，翻译能力感、翻译成就感、翻译自信心和翻译满足感等评价元素；社交维度包含团队合作、互动交流、反馈接受与应用、社交技巧等评价元素；思政维度包含政治思想素养、道德品质、社会责任感、创新创业精神、文化自信和批判思维评价元素，具体内容如表5-8。

表5-8 评价内容的维度及元素

评价维度	评价元素	评价指标和内容
学业维度	翻译质量评价	评估学生在翻译过程中的准确性、流畅度、语言风格、语法规范等方面的表现。可以通过对学生翻译作品的分析和比较来进行评价
	翻译策略评价	评估学生在翻译过程中选择和运用的翻译策略的合理性和有效性。可以通过对学生翻译过程的观察和访谈来获取相关信息
	语言运用评价	评估学生在翻译过程中对源语言和目标语言的理解和运用能力。可以通过对学生翻译作品中语言表达的准确性、地道性和流畅度等方面进行评价
	文化适应评价	评估学生在翻译过程中对源语言和目标语言文化背景的理解和适应能力。可以通过对学生翻译作品中文化差异的处理和文化转换的准确性进行评价
	专业知识评价	评估学生在翻译过程中对相关领域专业知识的掌握和运用能力。可以通过对学生翻译作品中专业术语的正确使用和领域知识的准确性进行评价
	翻译技术评价	评估学生翻译过程中使用各种辅助工具和技术的能力。可以通过对学生在实际翻译项目中应用翻译技术的程度来进行评价，如使用翻译网络资源和搜索引擎、计算机辅助翻译、机器翻译、术语管理工具、语料处理技术、翻译质量控制技术和工具等
心理维度	翻译能力感	评估学生对自己的翻译技能和知识水平的自信程度。涉及学生对自己的翻译能力的认知和评价，包括语言能力、专业知识、翻译技巧等方面。
	翻译成就感	评估学生对自己的翻译成果和工作成就的满意程度。涉及学生对自己的翻译作品的质量和效果的评价，包括准确性、流畅度、专业性等方面
	翻译自信心	评估学生对自己在翻译工作中的能力和表现的自信程度。涉及学生对自己在面对不同类型、难度和领域的翻译任务时的信心和应对能力的评价
	翻译满足感	评估学生对从事翻译工作所获得的满足感和乐趣的体验。涉及学生对翻译工作本身的兴趣和热情，以及对于翻译工作所带来的个人成长和成就感的认知和评价

续表

评价维度	评价元素	评价指标和内容
社交维度	团队合作	评估学生在小组项目中的合作能力，包括沟通、协调、分工和共同完成任务的能力
	互动交流	评估学生在课堂上与教师和同学之间的互动交流能力，包括提问、回答问题、讨论和分享观点的能力
	反馈接受与应用	评估学生对他人反馈的接受程度和能够将反馈应用于自身学习和提升的能力
	社交技巧	评估学生在社交场合中的表现，包括与他人建立关系、尊重他人观点、解决冲突和合作的能力
思政维度	政治思想素养	评估学生是否具备正确的政治思想观念，是否理解和接受党的路线方针政策，是否具备良好的社会主义核心价值观
	道德品质	评估学生在学习和生活中的道德行为，如诚实守信、友善互助、尊重他人等
	社会责任感	评估学生是否具备社会责任感，是否关心国家和社会的发展，是否积极参与公益活动
	创新创业精神	评估学生是否具备创新思维和创业意识，是否能够主动思考问题，提出新的解决方案，并具备一定的创业能力
	文化自信	评估学生是否具备对本国文化的自信和自豪感，是否能够传承和发扬优秀的传统文化，同时也能够尊重和包容其他文化
	批判思维	评估学生是否具备批判性思维能力，能够对信息进行评估和分析，是否能够独立思考、质疑和挑战现有观点，是否能够提出合理的批判性观点

（二）评价方式

根据动态评价理论所强调的"评教整合"原则，数智化英语翻译课堂注重教师在评价过程中的干预作用。因此，本模式主要采用线上和线下的互动方式，同时结合过程和结果评价以及定性和定量评价的方法。这种评价方式旨在更全面地了解学生的翻译学习情况，并为教师提供有针对性的指导和支持。

在线上与线下互动结合的评价方式中，在线交互平台可以提供实时的沟通和交流渠道，教师和学生可以通过在线聊天、讨论板等方式进行问题解答和交流。教师可以及时回答学生的疑问，解决他们在翻译实践中遇到的问题。同时，在线下课堂中，教师和学生可以面对面地交流线上课堂尚未解决的关键性问题以及每章节中的重点难点，加强师生之间的互动和情感联系，提升学生的学习体验和成果。在面对面的交流中，教师可以更加直观地了解学生的困惑和问题，并给予针对性的指导和解答。学生也可以更加自由地表达自己的疑问和困难，与教师进行深入的交流和讨论。

评价学习过程的目的是为了更好地了解学生的学习情况，而不仅仅是关注他们的成绩。通过评价学习过程，教师可以了解学生在翻译学习中遇到的困难、挑战和进步，从而更好地指导他们的翻译学习。这种评价方式强调的是学习的过程，而不是仅仅看重学习的结果。基于动态评价理论的数智化英语翻译课堂强调在教学的不同阶段，教师应该对翻译教学效果进行检验。在阶段性教学开始之前，教师可以通过诊断性评价来了解学生的翻译学习水平和能力，从而更好地安排翻译教学的内容和方法。这样可以帮助教师预测学生在学习过程中可能遇到的困难，并做好相应的准备。在阶段性教学结束之后，教师应该对翻译教学效果进行评价。通过评价学生的翻译学习成果和表现，教师可以了解自己的教学效果，并进行相应的反思和调整。这种评价方式可以帮助教师发现自己的教学不足，从而改进自己的教学方法，提高学生的学习效果。同时，评价学习过程不仅仅是对学生的学习情况进行评估，更要关注他们在学习过程中所表现出的情感因素和核心素养。只有兼顾学生的情感体验和情感态度，培养和发展学生的核心素养，才能真正实现全面发展的教育目标。学习是一种情感化的过程，学生的情感体验和情感态度对学习的效果和质量起着重要的作用。因此，基于动态评价理论的数智化英语翻译课堂评价模式关注学生是否具有积极的翻译学习情感，是否对翻译学习有兴趣和热情，是否有积极的翻译学习态度等。只有在学习过程中具备积极的情感因素，学生才能更好地投入到学习中，提高学习效果。核心素养是指学生在学习过程中所培养和发展的关键能力和素质。数智时代的英语翻译学习不仅仅是为了掌握翻译知识，更重要的是培养和发展学生的核心素养。在评价学习过程时，该模式关注学生是否具备批判思维能力、创新能力、合作能力、沟通能力等核心素养。只有在学习过程中培养和发展这些核心素养，学生才能更好地适应未来社会的发展需求。

定性和定量相结合的评价方式，可以更全面地评估翻译学习过程中的各种因素。一方面，定性评价主要关注学生在翻译学习方面的态度、动机、情感等质化数据，通过收集学生的观点、感受和反馈等信息来了解他们对翻译学习活动的态度、动机和情感体验。这种评价方式可以通过访谈、问卷调查、观察等方法来进行。另一方面，定量评价主要通过翻译测试等量化评价工具来衡量学生的翻译技能和应用能力。这种评价方式可以通过考试、测验、作业等形式来进行，通过对学生的表现进行量化分析，来评估他们在翻译中的掌握程度和能力水平。通过定性和定量相结合的评价方式，可以更全面地了解学习者的学习过程和学习成果，及时反馈信息，帮助学习者改进学习策略和提高学习效果。这种评价方式可以为数智化英语翻译教学提供有价值的参考，促进学生的全面发展。

（三）评价主体

根据"多元互动"原则，基于动态评价理论的数智化英语翻译课堂评价模式中的评价的主体涉及教师、学生自身、同伴、行业专家和机器等。在数智化英语翻译课堂的评价过程中，教师作为能力发展的中介者，在评价过程中扮演着至关重要的角色，通过采取不同的干预措施，引导学生发现问题解决的策略。自我评价指的是学生在教学过程中对自己的翻译学习情况进行监控，及时进行反思，培养自主学习和自主探究的意识。生生评价有助于增强学习动力、培养学习与协作能力，因此该模式同样强调同伴是评价的重要主体之一。在真实的翻译项目中，专家的角色至关重要。这些专家包括职业译者、客户以及特定领域的从业人员。通过行业专家的专业知识和经验，他们可以指出翻译中可能存在的问题，并提供改进的建议，学生可以从他们身上学习到更多的专业知识和技能，了解特定领域的术语和表达方式，从而提高整体的翻译质量，他们的反馈意见不仅能够极大推进翻译项目的成功实施，而且对培养译者的职业化能力具有重要价值。在数智时代，机器评价逐渐成为评价模式中的一部分，通过自动化评估系统，机器可以对学生的翻译作品进行自动评价和纠错，提供即时的反馈和指导。综上所述，基于动态评价理论的数智化英语翻译课堂评价模式中的评价主体包括教师、学生自身、同伴、行业专家和机器，这种多元评价方式有助于提高学生的翻译能力和水平。

（四）评价手段

根据"以数智技术为支撑"的基本原则，基于动态评价理论的数智化英语翻译课堂评价强调利用各种数智技术手段来支撑评价过程，推进评价的精细化和智能化。这意味着教师可以利用各种数智技术、工具和平台等，来收集学生的语言表达、翻译过程和学习效果等多方面的数据,并对其进行分析和评估。自然语言处理技术可以用于分析学生的语言表达和翻译质量,包括语法、词汇选择、语义准确性等方面的评估。通过自然语言处理技术,可以自动化地检测和纠正学生在翻译过程中的错误。通过训练机器学习模型,可以根据大量的翻译样本和评价数据,自动学习评价标准和建立评价模型,从而实现对学生翻译质量的预测和评估,并对学生的表现进行反馈。数据挖掘技术可以分析大量的学生翻译作品和评价数据,挖掘出学生在翻译过程中的特点和规律,发现评价过程中的规律和模式。通过数据挖掘,可以了解学生在不同环节的表现和问题,为评价结果的精细化提供依据。人工智能技术可以模拟人类的思维和判断过程,对学生的翻译能力进行评估。通过建立人工智能辅助评价系统,可以实现对学生翻译作品的自动化评估和反馈,提供个性化的学习建议和指导。虚拟现实和增强现实技术可以用于创建沉浸式的学习环境,以便教师对学生的表现进行评价。例如,教师可以使用 VR 技术模拟真实的翻译场景,评估学生的实际翻译能力。通过人工智能,可以实现对学生翻译过程的实时监控和分析,提供即时的反馈和建议。语音识别技术可以将学生的口语翻译转化为文字形式,以便进行评估和分析。通过语音识别,可以检测学生在发音、语调、语速等方面的问题,并提供相应的指导和纠正。

此外,还可以借助一些数智工具和平台来支撑数智化的课堂评价,如学习管理系统可以用于在线课堂管理和学生评价。它可以提供学生作业提交、讨论区域和在线测验等功能,以便教师对学生的表现进行评价和反馈。在线评价工具可以帮助教师进行精细化的评价,如 Google Forms、SurveyMonkey 等。这些工具可以用于设计和分发问卷调查,收集学生的反馈和意见。一些自动化评价工具可以帮助教师对学生的翻译作品进行评价和分析。这些工具使用自然语言处理和机器学习算法来检测和评估翻译的准确性、流畅性和一致性。这些数智工具和平台可以帮助教师实现基于动态评价理论的数智化英语翻译课堂评价,不仅可以提高评价的效率和准确性,还可以促进学生的学习动力和积极性,提升整个课堂教学的质量和效果,并推进评价过程的精细化和智能化。教师可以根据具体的需求和资源情况,选择适合自己的工具和平台来支撑课堂评价工作。

四、基于动态评价理论的数智化英语翻译课堂评价模式实施

数智化英语翻译课堂评价模式依托动态评价理论,评价内容、评价方式、评价主题和评价手段四大评价要素之间相互联系、相辅相成,构成一个完整而有机的系统。通过在翻译教学环节设计中融入这些要素,不仅体现动态评价的理念与基本原则,更突显评价的导向性与激励性。通过关注学习目标、教学内容、评价方法和工具以及反馈和调整,可以更好地指导学生的翻译学习,提高其翻译学习效果。基于四大评价要素,本节设定基于动态评价理论的数智化英语翻译课堂评价模式的实施步骤,并分为翻译教学导入阶段、翻译训练阶段、合作评价阶段和翻译效果验证阶段。

(一)翻译教学导入阶段

在翻译教学导入阶段,主要对学生在课前的翻译情况进行综合评估。评价的主体涉及教师、学生自身、同伴和机器。在正式授课之前,学生在数智教学平台上完成教师布置的翻译任务,教师收集学生的译文以及在翻译过程中的表现等多方面的数据,并对其进行分析和评估。译文质量、翻译策略和技巧的选择、翻译过程中的态度和应对能力等将被用作衡量学生翻译能力的标准。学生在完成翻译任务的过程中可以利用翻译辅助工具完成翻译任务,也可借助 GhatGPT 等数智工具进行学习评估,如用于分析学生的语言表达和翻译质量,包括语法、词汇选择、语义准确性等方面,同时,针对学生在翻译中的错误提供及时的纠正和指导。通过不断地与这些数智工具进行互动,学生可以逐渐提高他们的翻译能力,并且更加自信地应对各种翻译任务。

(二)翻译训练阶段

在翻译训练阶段,重点在于教授学生基本的翻译策略和技巧,提高学生译者的翻译技能。首先,教师可以详细说明本门翻译课程的目标,并阐述各章节的相关内容,构建知识框架。其次,教师可以与学生进行互动讨论,探讨新时代翻译市场需求和译员所需要的能力素养,鼓励学生克服学习焦虑,提高翻译学习效能感。再次,教师以翻译具体项目或任务为例,讲解翻译策略和技巧的选择步骤以及应用,引导学生如何得出较优的译文。最后,学生

可以使用数智平台中的记录软件来记录所有翻译任务的完成过程,建立自己的翻译学习电子档案袋,特别是翻译学习中的重难点。教师可以利用数据挖掘技术,分析学生的翻译作品和评价数据,挖掘出该学生在翻译过程中的特点和规律。当学生在翻译学习中遇到困难时,教师可以采用渐进性提示方式,如模糊提示、较为明确的提示作为引导,鼓励学生自主寻找和利用相关资源解决困难,直到学生都能熟练完成翻译训练任务。

值得关注的是,教师可以利用虚拟现实和增强现实技术创建沉浸式的学习环境,如根据市场的需求和教学内容的契合度,模拟真实的翻译场景,以便教师对学生的表现进行评价。同时教师可以逐步布置近迁移和远迁移任务。在英语翻译教学中,近迁移任务是指与前一阶段练习的文本类型相同但挑战性更大的翻译任务,要求译者具备更高的翻译综合能力;远迁移任务是指与前一阶段练习的文本类型和挑战性区别较大的翻译任务。通过逐步布置迁移任务,充分反映动态评价的逐级调节和最近发展区思想,强调学生在多种情境下运用所学知识的能力。根据动态评价理论,迁移任务的布置应该由近至远,即从相对熟悉的情境开始,逐渐引导学生应用知识到更加复杂和陌生的情境中。这种任务设计的目的是评价学生的知识迁移程度,即他们将所学知识应用到新情境中的能力。通过这样的评价,可以更准确地评估个体的潜能发展水平。

(三)合作评价阶段

根据动态评价理论的"评教整合"原则,数智化英语翻译课堂强调评价过程中的干预作用。在合作评价阶段中,教师将学生分成若干小组,通过线上平台和线下课堂相结合的方式完成真实的翻译项目。学生可以自由选择一位或多位同伴评价对象,撰写评价报告,包括评价同伴的译文、翻译策略技巧和合作过程。教师在互评过程中提供指导和反馈意见,并要求学生对反馈做出回应,同时教师可以引导学生学会批判性思维和合作技能,以促进学生的学习和成长。数智平台和工具通过大量的翻译样本和评价数据,自动学习评价标准和建立评价模型,对学生翻译质量进行预测和评估,并对学生的表现进行反馈。另外,专家还可以通过网络交互平台与学生进行交流,并对各组的翻译项目进行质量评价。

合作评价阶段的评价包括学生译员表现评价和项目质量评价两部分。学生译员表现评价包括在线互动、课堂实操和团队合作三个方面。项目质量评价则是对译文质量进行评估，使用翻译自动化用户协会提出的动态质量框架，对翻译错误进行计算。动态质量框架以翻译的准确度和流畅度为参数。准确度指译文是否能准确传达原文的信息，流畅度指译文是否符合目标语言的规范，不影响目标语读者对文本含义的理解。鉴于动态质量框架在耗时和效果方面的优势，它成为评估机器翻译、计算机辅助翻译和翻译项目质量的常用方法，因此，该模式中我们选择将其作为翻译项目质量评分的准则。值得关注的是，合作评价中需要重视对学生的核心素养进行评价，包括批判思维能力、创新能力、合作能力、沟通能力等核心素养的评价，这样可以为学生的翻译能力提供更全面、更精确的评价。

（四）翻译效果验证阶段

在翻译效果验证阶段，教师通过评价工具和方法，对学生的翻译成果进行评估和验证。教师可以使用数智化工具进行自动评分和质量评估，同时可以结合教师的主观评价进行综合评价。评价结果需要及时向学生反馈，帮助他们了解自己的表现和不足，并提供改进建议，引导学生对翻译实践进行理性反思和总结，形成翻译实践报告。基于动态评价理论的数智化英语翻译课程评价模式通过人机协同实现协同辅导、协同批阅、协同评价，使学习评价更加个性化、高效、灵活。

教师通过定期检查学生的翻译学习电子档案，跟踪学生的职业发展情况，建立学生的个人数字档案和教师教学档案。以笔译学习成果数据为例，教师可以收集学生在不同翻译学习阶段的多份译文、跨学年跨专业学生的多份译文、翻译实战中的多份译文等，将这些数据可用于评估学生的翻译学习能力发展。此外，教师可根据此类数据评估教学效果和制订适合新时代发展的人才培养方案，企业则可根据这些数据评估学生的职业能力，帮助学生规划职业生涯发展。

通过以上四个阶段的实施，基于动态评价理论的数智化英语翻译课堂评价模式可以更全面、准确地了解学生的翻译学习情况和表现。这个评价模式形成一个循环上升的系统，使得评价过程更加完善和高效。在这个模式中，教师可以根据学生在翻译学习过程中的实际表现进行及时的反馈和指导，从而帮助学生不断提升翻译能力。同时，学生可以通过自我评价、同伴评价和机器评价的方式，发现自身的不足，并加以改进。这种互动式的评价模式不仅可以提高学生的学习动力和积极性，还可以促进学生之间的合作和交流。总之，基于动态评价理论的数智化英语翻译课堂评价模式为教学评价带来了新的思路和方法，为培养优秀的翻译人才提供了有效的支持和保障。

第六章 总结

随着数字化时代的到来，高校英语翻译人才的培养面临着新的挑战。人工智能技术的迅猛发展和新文科建设的推进，对英语翻译人才的需求提出了全新的要求。社会对英语翻译人才的期望不再局限于语言能力，更加强调实践能力、人文素养和科学素养、大数据思维、思辨与创新能力的综合发展。这些要求意味着英语翻译人才需要具备更广泛的知识和技能，能够灵活运用人工智能技术进行翻译工作，并能够在跨学科的背景下进行思考和创新。只有培养出这样的复合型英语翻译人才，才能够满足社会对翻译服务的多样化需求，适应数字化时代的发展趋势。

基于此背景，本书分别从不同角度探讨了数字时代下英语翻译教学模式及评价的创新。第一章从英语翻译教学的界定、目标和意义、研究现状与展望三个方面对英语翻译教学进行概述。首先介绍了翻译及翻译教学的基本概念，阐述了翻译教学的目标和意义。通过借助 CiteSpace 软件，全面分析英语翻译教学现状，并对未来研究进行展望。第二章重点探讨了数字时代的教学特性以及数字时代英语翻译教学的理论基础，如深度学习理论、具身认知理论、构建主义理论、联通主义理论、目标导向教学理论等。通过在英语翻译教学中创新地应用不同理论，实现对翻译教学模式和评价的优化与创新，以适应数字时代的翻译需求。第三章先对教学评价的类型和相关概念进行界定，接着从课堂评价的内涵与原则、英语翻译课堂评价的理论基础以及数字时代对英语翻译课堂评价的影响等方面进行探讨。教学评价关注教学、学习和测评的过程和结果，对英语翻译教学具有调节性、导向性和监控性。数字时代的到来改变了英语翻译教学评价的方式和手段。通过数字化工具和平台，教师可以更加方便地收集、分析和管理学生的评价数据，提高评价的效果与质量。英语翻译教学评价需要建立在科学的理论基础之上，以确保评价的有效性和准确性，目标理论、CIPP评价模式和发展性教育评价模式等理论为教师提供了分析和评判学生翻译能力的框架和方法。第四章重点探讨了数字时代英语翻译教学方法的创新与策略优化，提出了探究式英语翻译教学模式和数智化转型英语翻译教学模式，并对其教学设计与实施做出详细展示。数字时代的翻译教学环境变得更加开放和智慧化，教学方式愈加灵活和便利，学习方式则更加自主和个性化。因此，传统的翻译教学评价模式需要改革，推动评价标准更加公正合理，评价方式更加注重过程性和适切性。第五章则重点研究数字时代下的英语翻译课堂评价模式创新，构建了基于学习性评价理论的数智化英语翻译课堂评价模式、基于云平台的英语翻译教学师生合作评价模式和基于动态评价理论的数智化英语翻译课堂评价模式，旨在为数字时代英语翻译课堂的评价提供新的思路和方法。

本书通过对数字时代下英语翻译教学模式及评价的探究，为广大教师和研究者提供了全面而精深的理论基础和实践指导。无论是教师还是学生，都将从本书中获得丰富的知识和启发，从而更好地适应数字时代的挑战和变革。本书的研究方法和理论框架不仅具有前瞻性和创新性，而且通过实践案例的分析和探讨，为读者提供了宝贵的经验。本书的研究成果希望能够为英语翻译教学在数字时代的持续发展与创新注入新的活力和动力。

由于本书作者自身的知识水平及能力有限，本书中可能存在诸多不足和疏漏，敬请各位专家、教师不吝赐教！同时，作者在写作过程中参考了大量文献，在此向各位专家学者表示衷心的感谢！

参考文献

[1] 艾兴，李苇. 基于具身认知的沉浸式教学：理论架构、本质特征与应用探索 [J]. 远程教育杂志，2021，39（05）：55-65.

[2] 曹曦颖. 任务型翻译教学模式理论基础研究 [J]. 四川师范大学学报（社会科学版），2008（05）：97-100.

[3] 岑秀文，张尚莲，赵淑华. 信息化背景下体验式小组合作应用翻译教学 [J]. 上海翻译，2009（04）：51-53.

[4] 柴明颎，胡开宝，李瑞林，等."何为翻译？：翻译的重新定位与定义"高层论坛发言选载 [J]. 东方翻译，2015（03）：4.

[5] 常俊跃，刘扬. 基于CIPP评价模式的项目依托区域国别研究课程评价研究 [J]. 外语研究，2020，37（03）：52-59+112.

[6] 陈洁. 面向信息化的翻译教学模式的构建 [J]. 河南大学学报（社会科学版），2005（05）：167-169.

[7] 陈明选，周亮. 数智化时代的深度学习：从浅层记忆走向深度理解 [J]. 华东师范大学学报（教育科学版），2023，41（08）：53-62.

[8] 陈维娟，苏小兰. PACTE翻译能力模式之反思 [J]. 四川教育学院学报，2012，28（07）：79-82+92.

[9] 陈亚轩，陈坚林. 网络自主学习成绩与自我效能感的相关性研究 [J]. 外语电化教学，2007（04）：32-36.

[10] 陈玉立. 翻译的重新定义 [D]. 上海外国语大学，2020.

[11] 丁邦平. 从"形成性评价"到"学习性评价"：课堂评价理论与实践的新发展 [J]. 课程.教材.教法，2008（09）：20-25.

[12] 董奇，赵德成. 发展性教育评价的理论与实践 [J]. 中国教育学刊，2003（08）：22-25+49.

[13] 窦菊花,朱瀚.基于OBE理念的课程教学增值性评价设计与实践[J].外语教育研究,2022,10(04):22-28.

[14] 段金菊,余胜泉.学习科学视域下的e-Learning深度学习研究[J].远程教育杂志,2013,31(04):43-51.

[15] 方梦之.译学辞典[C].上海:上海外语教育出版社,2004.

[16] 冯全功.翻译是一种符号转换活动:关于翻译定义的若干思考[J].中国翻译,2022,43(03):11-19+191.

[17] 顾小清,杜华,彭红超,等.智慧教育的理论框架、实践路径、发展脉络及未来图景[J].华东师范大学学报(教育科学版),2021,39(08):20-32.

[18] 郭晓琳,何高大.基于云平台的翻译教学师生合作评价模式设计与实践:以《英汉/汉英笔译》课程为例[J].惠州学院学报,2022,42(01):116-122.

[19] 郭晓琳.云时代下基于TSCA的多元混合教学模式探究:以《英汉/汉英笔译》课程为例[J].湖北开放职业学院学报,2021,34(19):192-193+196.

[20] 韩林涛,刘和平.语言服务本科人才培养:"翻译+技术"模式探索[J].中国翻译,2020,41(03):59-66+188.

[21] 刘和平,韩林涛.新文科背景下融合型语言服务人才培养模式[J].外语教育研究前沿,2022,5(04):27-33+91.

[22] 胡姣,彭红超,祝智庭.教育数字化转型的现实困境与突破路径[J].现代远程教育研究,2022,34(05):72-81.

[23] 黄荣怀,杨俊锋.教育数字化转型的内涵与实施路径[N].中国教育报,2022-04-06(04).

[24] 黄玉霞.翻译教学中学生思辨能力的培养[J].教育理论与实践,2017,37(06):51-53.

[25] 蓝红军.翻译本质的追寻与发现:"何为翻译?:翻译的重新定位与定义"高层论坛综述[J].东方翻译,2015(02):92-95.

[26] 蓝红军.何为翻译:定义翻译的第三维思考[J].中国翻译,2015,36(03):25-30+128.

[27] 蓝红军.走向职业化时代的翻译与翻译研究:"职业化时代翻译的重新定义与定位"高层论坛综述[J].东方翻译,2015(06):90-92.

[28] 李丹,师远贤.学习性评价内涵及其相关概念辨析[J].基础教育课程,2020(Z1):95-102.

[29] 李德超.TAPs翻译过程研究二十年:回顾与展望[J].中国翻译,2005(01):29-34.

[30] 李芒,蔡旻君,陈萍.英国ARG学习性评价与启示[J].外国教育研究,2016,43(10):90-100.

[31] 李瑞林.从翻译能力到译者素养:翻译教学的目标转向[J].中国翻译,2011,32(01):46-51+93.

[32] 李翼,胡开宝.新时代语境下的翻译研究探索:第二届"何为翻译?:翻译的重新定位与定义"高层论坛综述[J].东方翻译,2016(04):86-89.

[33] 梁雪琼.多媒体网络翻译教学的优点及其设计[J].教育导刊,2005(08):39-40.

[34] 刘丽.二语学习中的动态评价理论述介[J].西安航空学院学报,2018,36(02):73-76.

[35] 刘三女牙,孙建文.人工智能时代的课堂创变:解构与重构[J].国家教育行政学院学报,2021,No.285(09):16-22.

[36] 刘夏,何高大.数字人文与新文科视角下的英语专业人才培养探索[J].外语电化教学,2022,No.203(01):27-33+105.

[37] 刘志军.发展性教育评价探微[J].基础教育课程,2005(02):51-52.

[38] 罗选民.中国的翻译教学:问题与前景[J].中国翻译,2002(04):56-58.

[39] 吕文澎,吕晓澎,孙丹丹.基于多元智能理论的高校MTI翻译工作坊信息化教学实践研究:以The Book of Magic一书的汉译为例[J].电化教育研究,2013,34(04):87-91.

[40] 马会娟,管兴忠.发展学习者的汉译英能力:以北外本科笔译教学为例[J].中国翻译,2010,31(05):39-44.

[41] 苗菊.翻译能力研究:构建翻译教学模式的基础[J].外语与外语教学,

2007（04）：47-50.

[42] 穆雷,傅琳凌.翻译职业的重新定位与定义：过去、现在与未来[J].东方翻译,2016（04）：13-16.

[43] 穆雷,郑敏慧.翻译专业本科教学大纲设计探索[J].中国翻译,2006,27（05）：3-7.

[44] 穆雷,邹兵.翻译的定义及理论研究：现状、问题与思考[J].中国翻译,2015,36（03）：18-24+128.

[45] 穆雷.中国翻译教学研究[M].上海：上海外语教育出版社,1999.

[46] 倪传斌,刘治.语料库数据驱动技术在科技翻译教学中的应用[J].中国科技翻译,2005（04）：24-27.

[47] 宁连举,刘经涛,苏福根.高等教育数字化转型：内涵、困境及路径[J].中国教育信息化,2022,28（10）：3-10.

[48] 宁琦.数字人文赋能外语学科的思考与探索[J].外语界,2023（01）：12-17.

[49] 皮伟男,蓝红军.何为译：翻译定义的嬗变与走向[J].宜春学院学报,2022,44（04）：94-99.

[50] 邱进.基于"产出导向法"的高校应用型翻译人才培养模式研究[J].重庆文理学院学报（社会科学版）,2020,39（03）：115-122.

[51] 任大玲.翻译教学与翻译技术并重的项目型翻译能力培养课程模式[J].外语电化教学,2013（03）：42-48.

[52] 任文.翻译教学的发展与TOT计划的实施[J].中国翻译,2009,30（02）：48-52+95.

[53] 任文.新时代语境下翻译人才培养模式再探究：问题与出路[J].当代外语研究,2018（06）：92-98.

[54] 任玉丹,边玉芳,韦小满.基于增值性评价的教师区分性效能研究[J].教育科学研究,2019（11）：28-33+42.

[55] 施雪莹,刘云虹.重过程剖析与能力培养的翻译教学："翻译工作坊"教学模式探索与实践[J].上海翻译,2021（04）：53-57.

[56] 孙曙光."师生合作评价"的辩证研究[J].现代外语,2019,42（03）：419-430.

[57] 孙曙光. "师生合作评价"课堂反思性实践研究[J]. 现代外语, 2017, 40（03）: 397-406+439.

[58] 孙婷婷. 新时代翻译教育再思考: "新时代背景下的翻译教育"国际研讨会述评[J]. 当代外语研究, 2020（05）: 121-126.

[59] 孙颖. 试析美国有效教师评价方式的价值取向: 基于增值性评价和标准化评价[J]. 教育理论与实践, 2015, 35（28）: 40-43.

[60] 仝亚辉. PACTE翻译能力模式研究[J]. 解放军外国语学院学报, 2010, 33（05）: 88-93.

[61] 王华树, 刘世界. 元宇宙视域下翻译教育的发展前景与实践路径[J]. 北京第二外国语学院学报, 2022, 44（04）: 96-107.

[62] 王华树, 刘世界. 智慧翻译教育研究: 理念、路径与趋势[J]. 上海翻译, 2023（03）: 47-51+95.

[63] 王靖, 刘志文, 陈卫东. 未来课堂教学设计特性: 具身认知视角[J]. 现代远程教育研究, 2014（05）: 71-78.

[64] 王乐, 赵沛. 21世纪以来外语人才培养国内研究现状及议题展望[J]. 外语教学, 2021, 42（03）: 58-63.

[65] 王宁. 全球化时代的翻译及翻译研究: 定义、功能及未来走向[J]. 外语教学, 2016, 37（03）: 88-93.

[66] 王少爽. 职业化时代译者信息素养研究: 需求分析、概念阐释与模型构建[J]. 外语界, 2017（01）: 55-63.

[67] 王薇. 基于学习性评价理论的课堂评价模式及应用[J]. 教育理论与实践, 2020, 40（11）: 47-50.

[68] 王湘玲, 贺晓兰. 项目驱动的协作式翻译教学模式构建[J]. 外语教学, 2008（05）: 94-97.

[69] 王晓媛, 宋岳礼. TSCA评价理论在大学英语口语教学中的应用[J]. 内蒙古师范大学学报（教育科学版）, 2018, 31（07）: 80-83+111.

[70] 王盈秋. 商务英语翻译教学存在的问题与改革[J]. 中国大学教学, 2011（09）: 71-73.

[71] 王佑镁, 王旦, 梁炜怡, 等. "阿拉丁神灯"还是"潘多拉魔盒": ChatGPT教育应用的潜能与风险[J]. 现代远程教育研究, 2023, 35（02）: 48-56.

[72] 温彤.基于学习性评价的智慧课堂质量评价体系研究[J].教学与管理，2020（27）：116-120.

[73] 文秋芳."师生合作评价"："产出导向法"创设的新评价形式[J].外语界，2016（05）：37-43.

[74] 汶莎莎,孙刚成.增值性评价：促进每一个学生可持续发展[J].上海教育科研，2022（03）：70-75.

[75] 吴砥,郭庆,吴龙凯,等.智能技术赋能教育评价改革[J].开放教育研究，2023，29（04）：4-10.

[76] 新华网.（受权发布）习近平：高举中国特色社会主义伟大旗帜 为全面建设社会主义现代化国家而团结奋斗：在中国共产党第二十次全国代表大会上的报告[DB/OL].（2022-10-25）[2023-05-29].www.news.cn/politics/cpc20/2022-10/25/c_1129079429.htm.

[77] 肖维青.多元素翻译能力模式与翻译测试的构念[J].外语教学，2012（1）：109-112.

[78] 谢天振.翻译巨变与翻译的重新定位与定义：从2015年国际翻译日主题谈起[J].东方翻译，2015（06）：4-8.

[79] 谢天振.现行翻译定义已落后于时代的发展：对重新定位和定义翻译的几点反思[J].中国翻译，2015，36（03）：14-15.

[80] 徐颖颖.同伴反馈在翻译教学中的应用及其教学效度：从评价话语分析角度研究[J].外语测试与教学，2017（2）：53-61.

[81] 杨柳.信息化翻译教学的图景[J].外语与外语教学，2005（11）：62-64.

[82] 杨艳霞,钟爽.国内外翻译教师研究对比：知识图谱的计量分析[J/OL].北京第二外国语学院学报：1-13[2023-07-30].http：//kns.cnki.net/kcms/detail/11.2802.H.20230714.1007.004.html.

[83] 杨宗凯,王俊,王美倩.数字化转型推动外语教学创新发展[J].外语电化教学，2022，207（05）：3-5+105.

[84] 余胜泉.教育数字化转型的关键路径[J].华东师范大学学报（教育科版），2023，41（03）：62-71.

[85] 张爱玲,丁宁.新形势下我国翻译专业教育内涵建设：关于翻译博

士专业学位（DTI）设置的思考与探索[J].中国翻译，2019，40（03）：96-104.

[86] 张丽.专业英语写作教学中"师生合作评价"辩证研究[J].成都师范学院学报，2021，37（01）：40-47.

[87] 张培基.英汉翻译教程[M].上海：上海外语教育出版社，1980.

[88] 张其志.CIPP模式在研究性学习课程评价中的运用[J].江西教育科研，2004（07）：5-7+29.

[89] 张权，宋倩云，李娟.移动智能教学云平台的研发及应用与大学英语测试改革[J].中国大学教学，2014（11）：73-76.

[90] 张威，吕煜.翻译教育的概念界定与框架关系[J].上海翻译，2023，No.169（02）：42-48.

[91] 张玉林，张树粹，华臻，等.虚拟现实技术与构建主义[J].农机化研究，2004（05）：44-46.

[92] 赵璧，冯庆华.《翻译专业本科教学指南》中的翻译技术：内涵、历程与落地[J].外语界，2019，No.194（05）：14-20.

[93] 赵朝永，冯庆华.《翻译专业本科教学指南》中的翻译能力：内涵、要素与培养建议[J].外语界，2020，No.198（03）：12-19.

[94] 赵颖，刘敏霞.论翻译课堂教学的建构策略[J].教育与职业，2006（33）：144-145.

[95] 仲伟合，赵军峰.翻译本科专业教学质量国家标准要点解读[J].外语教学与研究，2015，47（02）：289-296.

[96] 仲伟合.高等学校翻译专业本科教学要求[J].中国翻译，2011，32（03）：20-24.

[97] 周恩，丁年青.西方翻译能力模式研究及对我国MTI翻译能力培养的启示[J].外语界，2017，No.181（04）：51-60.

[98] 周晶，楚军.翻译人才口译能力培养的数智化监测机制研究[J].外语教学，2022，43（06）：107-112.

[99] 周序，黄路遥.数字化课程40年发展评析[J].课程.教材.教法，2018，38（10）：51-58.

[100] 祝智庭，胡姣.教育数字化转型的本质探析与研究展望[J].中国电

化教育，2022（04）：1-8+25.

[101] 祝智庭，胡姣. 教育数字化转型的实践逻辑与发展机遇 [J]. 电化教育研究，2022，43（01）：5-15.

[102] 祝智庭，罗红卫，王诚谦，等. 外语教育数字化转型与融合创新 [J]. 外语电化教学，2022，No.206（04）：7-17+110.

[103] 庄智象，戚亚军. 关注翻译研究三个"转向"推进翻译学科专业建设 [J]. 外语教学，2014，35（06）：90-94.

[104] Alves F, Gonçalves J L V R.A relevance theory approach to the investigation of inferential processes in translation[J].Triangulating translation：perspectives in process oriented research, 2003：3-24.

[105] Bandura A.Self-efficacy：toward a unifying theory of behavioral change[J].Psychological review, 1977, 84（2）：191.

[106] Broadfoot P, Daugherty R, Gardner J, et al.Assessment for learning：10 principles[J].2002.

[107] Black P, Wiliam D.Inside the Black Box：Raising Standards through Classroom Assessment[M].Granada Learning, 1998.

[108] Bell R T, Candlin C N.Translation and Translating：Theory and Practice[M].London：Routledge, 2016.

[109] Bu W, Wang H.Embodied emotion：A new direction for embodied cognition[J].Philosophy Study, 2020, 10（8）：511-516.

[110] Catford J C.A Linguistic Theory of Translation[M].London：Oxford University Press, 1965.

[111] Campbell S.Translation into the Second Language[M].London：Routledge, 2014.

[112] Delisle J.Discourse Analysis as a Translation Method[M].Ottawa：University of Ottawa Press, 1980.

[113] Harris B.The difference between natural and professional translation[J].Canadian Modern Language Review, 1978, 34（3）：417-427.

[114] Hatim B, Munday J.Translation：An Advanced Resource Book [M].

Shanghai : Shanghai Foreign Language Education Press, 2010.

[115]House J.Translation Quality Assessment : A Model Revisited[M]. Tübingen : Gunter Narr Verlag, 1997.

[116]Kiraly D C.From instruction to collaborative construction : A passing fad or the promise of a paradigm shift in translator education?[A].In Baer B J & Koby G S (eds.).Beyond the Ivory Tower : Rethinking Translation Pedagogy[C].Amsterdam : John Benjamins, 2003 : 3-28.

[117]Lefevere A.Translation, Rewriting, and the Manipulation of Literary Fame[M].London : Routledge, 2016.

[118]Lantolf J P, Poehner M E.Dynamic assessment of L2 development : Bringing the past into the future[J].Journal of applied linguistics, 2004, 1(1) : 49-72.

[119]Lesznyák M.Conceptualizing translation competence[J].Across languages and cultures, 2007, 8(2) : 167-194.

[120]Laviosa S, Gonzalez-Davies M.Introduction : A transdisciplinary perspective on translation and education[A].In Laviosa, S.and Gonzalez-Davies, M.(eds.).The Routledge Handbook of Translation and Education[C].London and New York : Routledge, 2020b : 1-8.

[121]Marton F, Säljö R.On qualitative differences in learning : Outcome and process[J].Journal of Educational Psychology, 1976, 46(1) : 4-11.

[122]Neubert A. Competence in language, in languages, and in translation[A].In C.Schäffner &B.Adab (eds.).Developing Translation Competence[C].Amsterdam : John Benjamins, 2000 : 3-18.

[123]Pym A.Translation error analysis and the interface with language teaching[A].In Dollerup C & Loddegaard A (eds.).Teaching Translation and Interpreting : Training, Talent and Experience [C].

Amsterdam: John Benjamins, 1992: 279-288.

[124]PACTE Group.Building a translation competence model[A].In Alves F(ed.).Triangulating Translation: Perspectives in Process Oriented Research[C].Amsterdam: John Benjamins, 2003: 43 — 66.

[125]PACTE Group.Results of validation of the PACTE translation competence model: Translation project and dynamic translation index[A].In O'Brien S(ed.).Cognitive Explorations of Translation [C].London: Continuum, 2011: 30-56.

[126]Poehner M E & Lantolf J P.Bringing the ZPD into the equation: Capturing L2 development during computerized dynamic assessment (C-DA)[J]. Language Teaching Research, 2013, 17(3): 323-342.

[127]Presas M.Bilingual competence and translation competence[J]. Benjamins Translation Library, 2000, 38: 19-32.

[128]Presas M.Bilingual Competence and Translation Competence[A]. In C.Schäffner &B.Adab(eds.).Developing Translation Competence[C].Amsterdam: John Benjamins, 2000: 19-32.

[129]Richards J C, Rodgers T S.Approaches and Methods in Language Teaching[M].London: Cambridge University Press, 2014.

[130]Steiner G.After Babel: Aspects of language and translation[M]. Shanghai: Shanghai Foreign Language Education Press, 2011.

[131]Scriven M.The methodology of evaluation[A].In R.Tyler, R.Gagne & M.Scriven(eds.).Perspectives of Curriculum Evaluation.AERA Monograph Series on Curriculum Evaluation, No.1[C].Chicago, IL: Rand McNally, 1967: 39-83.